MÉMOIRE

SUR

L'EMPLOI DE LA HOUILLE

DANS LE

TRAITEMENT MÉTALLURGIQUE

DU MINERAI DE FER.

MÉMOIRE

SUR

L'EMPLOI DE LA HOUILLE

DANS LE

TRAITEMENT MÉTALLURGIQUE DU MINERAI DE FER,

ET SUR

LES PROCÉDÉS D'AFFINAGE DE LA FONTE,

POUR BOUCHES A FEU, PROJECTILES, ETC ;

SUIVI

D'UN PRÉCIS SUR LA HOUILLE,

PAR CH. RICHARDOT,

CHEVALIER DE L'ORDRE ROYAL ET MILITAIRE DE SAINT-LOUIS ET DE LA LÉGION D'HONNEUR, CHEF DE BATAILLON AU CORPS ROYAL D'ARTILLERIE.

PARIS,

[illegible] LEQUIEN, LIBRAIRE, RUE DES NOYERS, n° 45;

LANGRES,

ANT. DEFAY, IMPRIMEUR DE L'OUVRAGE.

1824.

INTRODUCTION.

L'EMPLOI de la houille, dans le traitement du fer, est une grande et heureuse innovation qui se prépare en France.

Les avantages qui doivent en résulter pour la société en général, sont de la plus haute importance : diminution énorme et nécessaire dans la consommation du bois : extension de la fabrication du fer, et par suite de notre commerce dans cette partie : exploitation de toutes nos houillères qui, en faisant jouir la France d'un fonds de richesse nationale, qu'on peut dire inépuisable, offrira un nouveau moyen d'existence à la classe la plus nombreuse de notre population toujours croissante.

Déjà la fabrication du fer, par la méthode récemment introduite en France, assure une partie de ces avantages; bientôt elle réclamera impérieusement l'innovation qui doit les assurer tous.

En effet, si l'on considère que les produits de chacune des nouvelles forges de Hayanges, de Saint-Julien, de Fourchambeau, de Châtillon, etc., etc., sont au moins décuples de ceux d'une forge ordinaire (1), que très-certainement ces nouveaux établissemens se multiplieront; on se convaincra aisément que dès ce moment, peut-être, les produits de tous les hauts fourneaux existans en France, sont insuffisans pour alimenter nos forges, et qu'ainsi, cet état de choses doit infailliblement conduire à une augmentation considérable du nombre de ces usines. Déjà l'impulsion est donnée ; sur tous les points de la France on sollicite l'établissement de nouveaux fourneaux. Or, que doit-il résulter de ce mouvement ? que la consommation du bois, qui déjà est énorme par le fait des hauts fourneaux, va devenir effrayante, et pourrait amener, en peu de temps, la ruine de nos forêts! (2).

---

(1) Chacun de ces établissemens fabrique de trois à quatre cent milliers de kilogrammes de fer par mois, et ces fers sont de très-bonne qualité. On a pour garant de cette assertion le compte rendu de la dernière exposition des produits de l'industrie, et les récompenses accordées aux directeurs de ces nouvelle forges.

(2) Ce sujet de crainte n'est que trop fondé. Il n'y a pas plus de trente ans qu'on avait encore facilement des pièces de bois de 9 à 10 mètres de longueur, propres à tous les services; aujourd'hui il est presque impossible d'en trouver de 8 mètres : aussi nos construc-

Pourquoi donc épuiser cette précieuse ressource ? Pourquoi demander à nos forêts plus que raisonnablement elles ne peuvent nous donner, tandis que nous foulons pour ainsi dire à nos pieds une substance éminemment combustible, et qui n'est propre qu'à la combustion; substance dont l'extraction de notre sol, où elle gît en grande abondance, n'exige que des dépenses très-ordinaires; substance enfin, qui pour la réduction du minerai de fer, peut être substituée au charbon de bois, avec de très-grands avantages pour les fabricans ?

Une aveugle routine, et plus encore sans doute le préjugé qui règne généralement contre la houille dans nos forges anciennes, repousseront probablement cette salutaire innovation. Cependant, si à ce sujet nous n'avons pas précisément l'expérience, nous avons au moins l'exemple qui, en quelque sorte, peut en tenir lieu : nous savons que depuis plus d'un demi-siècle l'Angleterre emploie le charbon de houille pour le traitement de son mi-

tions de toute nature, ainsi que le trésor, se ressentent de cette pénurie; et si la liberté d'exploitation des forêts restait indéfinie, bientôt notre marine et même notre artillerie se verraient obligées d'aller dans le fond du nord chercher leurs bois de construction.

nerai (1); que depuis plus de vingt ans la fonderie du Creusot n'emploie pas d'autre combustible pour ses fontes; que guidés par cet exemple les propriétaires des fourneaux de Vienne (Isère) ont depuis peu remplacé le charbon de bois par le coke; enfin que tout récemment une mine de fer ayant été découverte, dans le terrain houiller de Saint-Étienne, on y a élevé immédiatement trois hauts fourneaux, dans lesquels la fusion du minerai s'opère avec le charbon de houille.

Mais à ces faits qui sont de la plus grande notoriété, on oppose des raisons que l'on croit fondées et qui ne sont que spécieuses. « Les » fers d'Angleterre, dit-on, sont de mauvaise » qualité ; l'établissement du Creusot et les » fourneaux de Vienne ne fabriquent que » des fers coulés : quant aux fourneaux » de Saint-Étienne, l'avenir les jugera ».

Il est facile de réfuter ces objections.

D'abord l'Angleterre ne possède que des minerais de médiocre qualité; c'est un fait attesté par tous les minéralogistes : ainsi ses fers ne peuvent valoir, ni les fers de Suède, ni même ceux de France; cependant il ne faut

(1) Il est employé au même usage en Silésie et en Carinthie.

pas juger de leur qualité, en général, par la qualité de ceux que les Anglais peuvent importer en France, légalement ou non. En Angleterre, le prix ordinaire des fers est de 15 fr. le quintal métrique ; ainsi dans un pays où cette même quantité vaut 50 fr., on y vendra toujours assez bien les mauvais fers anglais. Il n'est donc pas étonnant que nous ne recevions en France que de mauvais fers de l'Angleterre.

» La fonderie du Creusot et les fourneaux » de Vienne ne fabriquent que des fers cou» lés. » Mais n'est-ce pas déjà un très-grand avantage! et si d'ailleurs il est prouvé que les fontes de ces établissemens sont de bonne qualité, il le sera également qu'on peut en fabriquer de bons fers, relativement toutefois à la qualité du minerai. Or, c'est un fait connu de toute la France, que les fontes du Creusot sont douces, ductiles et ont de la ténacité : tous les ouvrages qui sortent de cette belle fonderie le prouvent évidemment.

D'après ces faits, l'objection relative aux fourneaux de Saint-Étienne tombe d'elle-même; leur avenir n'a rien d'incertain, puisqu'il est garanti par la longue expérience d'une nation industrieuse et par celle d'un grand établissement national.

Il est donc bien démontré que la réduction du minerai de fer peut s'opérer avec le charbon de houille aussi bien qu'avec le charbon de bois.

Ainsi, que suivant les produits locaux et les convenances relatives à l'intérêt public, ces deux combustibles entrent en concurrence pour partager nos inépuisables minières (1), et bientôt nous pourrons fournir du fer aux deux mondes.

Le mode d'emploi de la houille dans le traitement du minerai, est très-simple sans doute; mais il n'est pas assez généralement connu : quelques détails sur cette matière sont donc nécessaires pour faciliter les premiers essais.

Dans une première partie, nous donnerons l'analyse de la houille et les diverses méthodes suivies pour sa carbonisation : nous essaierons d'établir le rapport entre le charbon de bois et le charbon de houille dans la réduction du minerai, et nous en déduirons l'économie qui résulte de l'emploi de ce dernier combustible : nous indiquerons les procédés d'affinage de la fonte par la méthode des fours à réverbère, et ceux de la fabrication du fer par le moyen des cylindres cannelés.

(1) L'administration pourrait régulariser ce service d'après ces principes ; par conséquent n'accorder l'autorisation d'élever un haut fourneau, qu'à condition qu'il y sera employé tel combustible.

L'examen de ces procédés et leurs résultats connus, nous fourniront les données nécessaires pour caractériser les diverses espèces de fonte brute qui conviennent, soit pour couler de seconde fusion en bouches à feu ou projectiles, soit pour être converties en fer de forge. Ces mêmes résultats nous feront connaître combien l'artillerie trouverait d'avantages à avoir toutes ses bouches à feu de place et de siège en fer coulé. En établissant la théorie du retrait de la fonte, nous en déduirons le moyen à employer pour obtenir une augmentation de volume dans les boulets faibles de calibre, moyen diamétralement opposé à celui que tolère le réglement du 25 mars 1775.

La houille étant appelée à servir désormais en France à la fabrication du fer, nous avons pensé qu'un précis sur ce combustible trouverait ici naturellement sa place; nous l'avons extrait du dictionnaire des science naturelles, ouvrage entièrement neuf, dont la partie minéralogique, surtout, ne laisse rien à désirer.

On trouvera dans ce précis tout ce qu'il est important de connaître sur les mines de houille, savoir :

Les variétés principales de ce fossile, leurs caractères et propriétés particulières, leurs gisemens, les indices des terrains houillers, les recherches, l'exploitation, les failles, l'indication des principales houillères de France, les produits approximatifs de celles qui sont exploitées en grand, enfin le prix de la houille dans quelques principaux lieux de consommation.

Cette seconde partie sera terminée par un article sur le minerai de fer des terrains houillers; minerai qui, à raison de son gisement, doit particulièrement attirer l'attention et peut donner lieu à l'établissement de nouvelles usines.

Le titre de mémoire que nous donnons à cet opuscule nous paraît justifié dans ce sens, que tout ce qu'il contient repose sur des faits constans, ou est tiré d'ouvrages peu répandus.

Le seul mérite de ce travail sera d'avoir rassemblé ces documens qui sans doute sont loin d'être complets : aussi nous estimerons-nous heureux, si nous sommes seulement parvenus, soit à fixer l'attention sur l'objet principal de ce mémoire, soit à provoquer l'examen de celles des opinions ou assertions qu'il renferme, et qui ne paraîtraient pas entièrement justifiées.

PREMIÈRE PARTIE.

EMPLOI DE LA HOUILLE

DANS LE

TRAITEMENT MÉTALLURGIQUE

DU MINERAI DE FER,

ET

PROCÉDÉS

D'AFFINAGE DE LA FONTE.

SECTION PREMIÈRE.

Caractères et Propriétés générales de la Houille (1).

LA houille, en général, est un fossile dont le caractère essentiel est de brûler avec plus ou moins de facilité, en répandant une odeur plus ou moins bitumineuse; en donnant plus ou

(1) D'après M. Brard.

moins de flamme; en produisant une fumée plus ou moins épaisse ; et enfin en développant un degré de chaleur plus ou moins élevé, suivant la qualité particulière de chacune de ses variétés. Sa surface est souvent éclatante comme celle du verre noir; mais son opacité est toujours complète.

Dans l'état de pureté, elle est tendre et surtout friable ; car elle cède à l'effort de l'ongle, sans cependant s'en laisser rayer.

Sa pesanteur spécifique moyenne est de 1,30, et sa pesanteur absolue est de 45 kilogrammes le pied cube ; mais elle s'élève quelquefois jusqu'à 60 kilogrammes.

La houille donne, par la distillation, une huile empyreumatique, de l'ammoniaque et quelquefois, suivant M. de Thury, de l'acide sulfureux sans ammoniaque. Le résidu de cette distillation, qui sur 100 parties est de 67,30, est le véritable charbon de houille que nous nommons *Coke* : il donne à l'analyse, sur 100 parties,

Carbone	96,70.
Soufre	0,30.
Résidu terreux	3,00.

On voit donc que la houille proprement dite contient deux principes combustibles, savoir :

le bitume et le charbon, non compris le soufre qui est accidentel. Or, ce bitume et ce charbon produisent deux combustions distinctes, qui ont chacune des caractères particuliers et qui se succèdent sans se confondre.

La première combustion est produite par le bitume et le soufre, quand la houille en renferme : c'est elle qui est accompagnée de flamme, de fumée et d'odeur ; son résidu est le coke.

La seconde succède à cette première, ne produit qu'une flamme courte et bleuâtre, ne donne ni odeur ni fumée, et laisse de la cendre ou scorie pour résidu.

Tels sont les caractères et les principales propriétés de la houille, qu'il importait de relater avant de passer au détail de son emploi dans le traitement du fer.

Methode de Carbonisation de la Houille.

La carbonisation de la houille s'opère d'une manière analogue à celle par laquelle on carbonise le bois.

Le procédé le plus simple et le plus généralement en usage est celui indiqué par M. Jars dans son voyage métallurgique.

On forme avec la houille même, sur un sol

de 4, 5 à 6 mètres de diamètre, un cône d'environ 65 centimètres de hauteur avec une base verticale de 22 à 25 centimètres plus ou moins : au centre du cône, on ménage un petit vide en forme de cheminée, dans lequel on introduit le feu qui bientôt gagne tout le massif : on le laisse agir plus ou moins, suivant que la houille est plus ou moins chargée de matières bitumineuses : on recouvre avec du poussier de houille les endroits où le feu a trop d'activité ; mais si la houille est très-bitumineuse, on conserve l'ouverture du centre, et on laisse brûler plus long-temps.

Pour faciliter cet arrangement, on a imaginé de construire une cheminée en briques, en forme de cône, ayant des ouvertures latérales pour donner passage à la fumée de la houille : on assure d'ailleurs que ce moyen est avantageux, en ce que le coke, placé au centre, est moins sujet à se consumer.

L'opération de la carbonisation exige ordinairement quarante à quarante-huit heures. Lorsque la flamme devient courte et blanche, on étouffe le feu : puis avec des rateaux de fer on retire le charbon qu'on achève d'éteindre à l'air ; s'il est léger et cassant, il est à son point ; s'il est compact et dur, il n'est pas assez fait ;

les morceaux qui sont dans ce dernier état sont remis au feu de nouveau.

Les Anglais ont encore d'autres méthodes pour faire le coke. Dans plusieurs établissemens, on a des enceintes carrées ou circulaires, d'environ 5 mètres, fermées de murs, soit en briques, soit en pierres, de 30 centimètres environ d'épaisseur, et de 65 centimètres de hauteur : on y met la houille en morceaux de 10 à 14 centimètres d'épaisseur, formant un cône et arrangés de façon que l'air puisse y pénétrer et circuler : on pratique dans ces murs, au niveau du sol, de petites ouvertures de 8 centimètres en carré, espacées entr'elles d'environ 1 mètre 30 cent., au moyen desquelles on peut augmenter ou diminuer l'activité du feu, en les ouvrant ou en les fermant à volonté. Si la houille n'est pas très-bitumineuse, on porte la hauteur du cône jusqu'à 1 mètre 65 cent.

Pour la houille menue très-chargée de bitume, ou qui se colle au feu, on a des fourneaux clos; construits en briques : trois de ces fourneaux sont joints dans le même corps de maçonnerie, lequel occupe un espace de 13 à 14 mètres de longueur sur 4 mètres de large. A partir de 65 centimètres au-dessus du sol, hauteur à laquelle s'élève l'ouverture ou gueule par où l'on introduit la houille, on donne à ces fours une forme pyramidale jusqu'à la hauteur de 1 mètre 50 cent. à 1 mètre 60 cent. : on pratique au sommet une ouverture de 24 à 25 centimètres en carré, qu'on ferme plus ou moins avec une brique ; mais seulement pour empêcher la flamme de sortir par la gueule du four, qui elle-même a une fermeture en tôle forte, que l'on ouvre plus ou moins pour donner un courant d'air.

La carbonisation s'opère en vingt-quatre heures environ, après quoi on casse le charbon dans l'intérieur des fours avec un rable de fer, pour l'en retirer et le mettre à l'air, où il ne tarde pas à s'éteindre. Cette méthode, qu'on désigne sous la dénomination de *Cinders*, est suivie aussi au Creusot et à Saint-Étienne.

Le coke, pour fabriquer les aciers fins, est épuré plus parfaitement que celui qu'on destine à la fonte du minerai. On forme un tas de houille qu'on laisse brûler, sans le recouvrir de poussier, jusqu'à ce qu'il ne s'en exhale plus ni odeur ni fumée : arrivé à ce point, on étend le coke avec un rateau de fer ; on l'éteint, en l'arrosant légèrement. Ce charbon est très-pur ; mais il a nécessairement moins de poids que le coke ordinaire, et par conséquent dégage moins de calorique.

« En carbonisant la houille dans des fours fermés, à un feu assez fort, dont on augmente l'activité en remuant tous les quarts d'heure le tas de houille embrasé, pendant cinq heures que dure l'opération, et en conduisant la fumée dans des chambres voûtées où elle se condense en partie, et où on la recueille avec des balais, on obtient le noir de fumée que l'on fabrique ainsi aux environs de Sarrebrück. Le noir obtenu dans ces ateliers, forme environ la trentième partie du poids de la houille employée. Le charbon ou coke que l'on en retire forme le tiers du poids de cette houille » (1) : on l'éteint dans l'eau et on le nomme braise. Il doit être en effet plus brûlé que le coke obtenu par les procédés ordinaires; ainsi il pourrait, comme le précédent, servir à la fabrication de l'acier.

Dans les établissemens, on estime assez généralement que la houille perd environ moitié de son poids par la carbonisation (2), et dans l'Aide Mémoire (*note sur la fonderie du Creusot*), le poids du coke est établi d'après le rapport de 4 à 9. Il est hors de doute que ce rapport dépend

(1) De Bonnard, ingénieur en chef des mines.

(2) La houille de Saint-Étienne donne les trois cinquièmes de bon coke.

de la qualité de la houille ; cependant l'analyse, par la distillation, donne, sur 100 parties en poids, 67,50 de coke : on trouve ce résultat, à quelques décagrammes près, dans plusieurs auteurs. Il y aurait donc 22 parties environ de perte par la carbonisation au grand air : une différence de résultat aussi considérable serait impossible dans la même qualité de houille. Pour ne point nous écarter à ce sujet de l'opinion reçue, et admise dans un ouvrage qui fait autorité, nous supposerons que le premier de ces rapports est un terme moyen entre la houille grasse et la houille sèche, et que le second est le résultat de l'analyse de la houille de première qualité pour le carbone ; et nous adopterons le premier pour nos calculs, bien sûr alors de ne point les porter au-dessus de la réalité. Il importait toutefois de faire cette remarque.

SECTION DEUXIÈME.

Préparation du Minerai.

La préparation du minerai pour la fonte consiste dans le cassage ou boccardage, le lavage et le grillage. Ces opérations sont assez connues ; cependant nous parlerons de la dernière, attendu qu'on peut y employer la houille, et que d'ailleurs son mode d'exécution n'est point indifférent au succès de la fonte.

Le grillage a pour but de dégager du minerai les substances volatilisables, telles que soufre et arsenic qu'il peut contenir, ou simplement de diminuer la cohésion de ses parties : dans ce dernier cas, c'est donc particulièrement le minerai en roche que l'on grille.

On met sur le sol une couche de houille menue et de rebus, de 20 à 25 centimètres d'épaisseur sur une étendue proportionnée à la quantité de minerai à griller. Sur cette couche de houille, au centre de laquelle on met d'abord le feu, on place le minerai d'une épaisseur plus ou moins forte, suivant qu'il exige plus ou moins de chaleur pour le but qu'on se propose.

Il est des minerais qu'on laisse fumer et évaporer plus long-temps que d'autres; mais en général on ne pousse pas le grillage jusqu'à vitrifier toutes les parties terreuses : l'expérience a appris que si le minerai en était totalement dépouillé, les parties métalliques s'altéreraient ensuite dans les hauts fourneaux, avant de parvenir jusqu'au fond du creuset. C'était aussi l'opinion de M. Jars : ce Savant dit que nos fourneaux, par leur hauteur, peuvent dispenser du grillage.

A Carron, en Écosse, l'une des plus belles fonderies de la Grande-Bretagne, où il y a six hauts fourneaux, on mêle le minerai de roche avec la houille à carboniser, et il se trouve grillé en même temps que la houille est changée en coke. Dans quelques autres établissemens, on jette le minerai dans des bassins remplis d'eau; on l'y laisse séjourner pendant quelque temps; il s'y oxide par conséquent : ce qui, dit-on, en facilite la fusion (Faujas).

SECTION TROISIÈME.

Travail des hauts Fourneaux.

Conduite du Feu.

Les fourneaux dans lesquels on fond le minerai en Angleterre, sont de la même construction que ceux en usage en France; seulement ils sont beaucoup plus élevés. Il y a de ces fourneaux qui ont jusqu'à 15 mètres de haut. Au Creusot, où il existe cinq hauts fourneaux, un seul est de cette dimension; les autres ont depuis 9 jusqu'à 13 mètres sur 3 à 4 mètres de largeur au centre : ceux de Vienne, ainsi que ceux de Saint-Étienne, sont aussi à grandes dimensions (1).

(1) En France on vient de tirer parti de la flamme qui sort par les gueulards, en la dirigeant dans un local disposé pour cuire de la chaux, des briques et préparer l'acier de cémentation. Cette invention est due à M. Aubertot, propriétaire des forges de Vierzon (Cher) : on pense même parvenir à la faire servir au jeu des soufflets.

Cette grande élévation est nécessaire pour les fourneaux alimentés par le coke, à moins d'avoir des fourneaux à la Catalane. Avec le coke, les hauts fourneaux à petites dimensions s'engorgent : l'expérience l'a encore prouvé tout récemment au Creusot. « Le charbon de terre, » privé de son bitume par la carbonisation, » ne brûle pas avec la même facilité que le » charbon de bois ; il a besoin d'un vent plus » actif et d'un air plus comprimé » (Monge). On peut ajouter qu'il se tasse et s'agglomère beaucoup plus que ne peut le faire le charbon de bois.

La conduite du feu n'a rien de particulier ; seulement les fondeurs du Creusot assurent que le *travail* dans l'*ouvrage* est moins facile et doit se faire plus souvent. Ceci peut s'expliquer par les mêmes raisons que nous venons de donner pour les dimensions du fourneau : on évite cet inconvénient au moyen de deux tuyères. Aux fourneaux de Saint-Étienne et de Vienne, on a adopté ce moyen aussi employé dans tous les établissemens d'Angleterre, en Silésie et en Carinthie (1) : cependant les fondeurs

---

(1) Il existe même à Preuilly (Indre) un haut fourneau à trois tuyères, proposé par O'Relly, et dé-

anglais prétendent que le fourneau *va bien*, lorsque la tuyère s'obscurcit. Nos fondeurs ne pensent pas de même; ils veulent que la tuyère soit nette.

Du reste on opère comme dans tous les hauts fourneaux, soit pour les premières charges, soit pour les charges successives qui se font à mesure que la masse s'affaisse ; ce que l'on connaît de même en sondant le creuset et à l'inspection du laitier que le fondeur fait sortir quand il surnage trop abondamment, ayant soin toutefois d'en laisser assez pour garantir le métal de l'oxidation par une trop forte chaleur : enfin les scories indiquent si l'on doit *charger* plus ou moins de minerai, ou de charbon, plus ou moins de fondant, suivant qu'elles

---

crit au Journal des Arts et Manufactures, tome 10. En Angleterre on a présentement des fourneaux à deux coulées opposées, décrits au tome 14 du même Journal. Mais un fourneau bien plus remarquable, et dont le succès, s'il est constaté, doit changer le mode usité de réduction des minerais de fer, est celui sans *machine soufflante*, fondant le minerai avec la houille, en le tenant en contact avec du charbon de bois. Ce fourneau est un réverbère à deux foyers ; la cheminée au milieu de la double sole formant le fourneau. C'est enfin le fourneau des *essais en petit ;* tel qu'on en voit dans plusieurs établissemens.

sont plus ou moins compactes ou fragiles.

Dans les fourneaux anglais, comme les machines soufflantes y sont d'une puissance extraordinaire, le *travail* d'une coulée n'est ordinairement que de neuf à dix heures.

Cependant, avec cette première fonte, on coule des ouvrages communs; tels que marmites, plaques, gros barreaux pour fourneaux de verreries, etc.; le surplus, et le plus souvent tout le fourneau, est coulé en gueuse.

Au Creusot on ne fait que deux coulées en vingt-quatre heures, comme dans la plupart des hauts fourneaux en France.

Si dans le travail du haut fourneau, pour avoir une fonte plus carbonnéée, on est obligé d'employer du charbon au-delà de la quantité strictement nécessaire pour la fusion du minerai, on augmente en même temps la quantité de fondant, afin de mieux couvrir les parties métalliques, et par ce moyen les garantir de l'action d'un feu trop violent : au surplus, ce traitement, qui n'a rien de particulier au charbon de houille, doit nécessairement être réglé d'après la nature du minerai.

Indépendamment des proportions qu'on doit garder dans les quantités de minerai et de charbon, il importe aussi, pour obtenir une parfaite fusion, de régler convenablement la position de la tuyère ; « car si sa direction » remonte dans le fourneau, la fonte sera accé- » lérée ; elle sera retardée au contraire si elle a » un peu d'inclinaison. La raison en est que, » dans le premier cas, le vent étant dirigé vers » le haut, y est porté avec beaucoup plus de » force et y détermine un commencement de » fusion beaucoup plus promptement que lors- » que le vent est dirigé vers le bas : les parti- » cules de fer descendues trop vîte dans le » creuset y restent divisées entr'elles, et il n'y » a que les parties terreuses les plus vitrifiables » qui s'en séparent. Dans le second cas, le vent » ne remonte que par réflexion et aussi dilaté » dans tout l'intérieur du fourneau qu'il peut » l'être : le minerai descend plus lentement ; le » feu désunit peu à peu les parties qui le compo- » sent, et lorsque le tout est parvenu devant la » tuyère, la séparation de ces parties est entière- ment faite ». (M. Jars, *Voyage métallurgique.*) C'est ainsi qu'on obtient la fusion la plus parfaite et la véritable fonte grise; si d'ailleurs les quantités de minerai et de charbon ont été proportionnées selon leur qualité connue : alors il est évident qu'une coulée demande plus de neuf à dix heures de travail ; mais elle n'exige pas plus de charbon. Il serait donc toujours avantageux de conduire le feu de cette manière.

On peut même dire qu'en donnant à ce principe du traitement de la fusion du minerai dans les hauts fourneaux toute l'extension dont il est susceptible, on arriverait au point de faire perdre à la fonte sa fluidité : les molécules du fer, en se rapprochant, formeraient bientôt une masse assez compacte pour pouvoir être retirée du creuset et portée sous le marteau sans passer au foyer d'affinerie (1).

Telle est la méthode Catalane, depuis longtemps suivie dans une partie du midi de la France, et depuis peu introduite aux forges de Pinsot près Grenoble. Par cette méthode, on ne consomme que du tiers au quart du combustible employé dans la méthode ordinaire (*La Bergamasque*), et un feu catalan donne autant de fer que quatre forges ou affineries travaillant sur la fonte, et que sept à huit hauts fourneaux travaillant sur le minerai. (Voir à ce sujet le Mémoire sur les forges Catalanes de Pinsot, Annales des Mines, tome 1er, et les

(1) Nous verrons bientôt que dans la nouvelle méthode de fabrication du fer, cette fonte, ou plutôt cette loupe, ne passerait pas, comme fonte brute, au four à réverbère.

Conjectures sur le Feu, de M. Baudreville, tome 2, 3e partie.)

Malheureusement on ne peut se dissimuler que ce mode économique n'est guère applicable qu'aux minerais très-riches : aussi doit-on en faire usage avec empressement, toutes les fois au moins qu'on possède un minerai susceptible de se traiter ainsi.

Quantité de coke nécessaire pour un haut fourneau, comparativement au charbon de bois.

Nous avons dit que dans le *travail* du haut fourneau chauffé avec le coke, tout se passait absolument comme aux fourneaux alimentés par le charbon de bois : toutefois les charges de charbon sont nécessairement différentes, car la pesanteur spécifique du coke est bien supérieure à celle du charbon de bois ; par conséquent, à volume égal, le coke contient plus de carbone et doit dégager plus de calorique que le charbon de bois (1). Nous essaierons de fixer les idées à ce sujet.

---

(1) Il importe d'établir les rapports de volume et de poids des deux charbons ; car dans les forges on mesure plus qu'on ne pèse.

M. Baudreville (Conjectures sur le Feu, tome 2, 3e partie) dit que la chaleur produite par la houille est à celle que dégage le charbon de bois comme 4 est à 1 ; mais il ne donne pas le rapport du calorique entre le coke et le charbon de bois, et cependant il ajoute que le charbon de bois peut carbonnéer trois fois autant de fonte que le coke. Il y a sans doute ici un mal entendu.

L'analyse du coke donne, sur 100 parties, 96,70 de carbone. D'après plusieurs expériences, notamment celles de M. Doëbereiner, 100 parties de charbon de bois des forges contiennent 97,85 parties de charbon. La différence entre ces deux quantités est trop peu considérable pour ne pas la regarder comme nulle dans l'emploi en grand de ces substances.

Mais faisons encore un autre rapprochement : le meilleur charbon pour la poudre à canon est celui qui est le plus pur, ou en d'autres termes, qui contient le plus de carbone. Or, Kirwan estime que 16 parties de bon coke peuvent décomposer 100 parties de nitrate de potasse par la détonation ; c'est-à-dire, que la détonation ne doit point laisser de résidu et n'en laisse point en effet. D'un autre côté, d'après le dosage actuel de la poudre, 15 parties de charbon de bois décomposent 75 parties de nitrate de potasse. Ces faits, ou si l'on veut ces résultats, qui sont évidemment à l'avantage du coke, prouvent que les expériences citées par M. Baudreville sont inexactes.

On peut donc établir qu'à poids égaux les deux espèces de charbon contiennent égale quantité de carbone, et que contenant la même quantité de carbone ils dégageront, à poids égaux, la même quantité de calorique.

Donc, pour obtenir dans un haut fourneau un résultat donné, il faut la même quantité, en poids, de l'un ou l'autre charbon.

Or, nous avons dit que le poids moyen d'un pied cube de houille était de . . . . . 45 kilo.

Et que le poids moyen du coke était à celui de la houille :: 4 : 9 = ... 20 kilo.

Nous savons d'ailleurs que le poids de 1 pied cube de charbon de bois des forges est de . . . . 8 kilo.

Donc, à volume égal, le poids du coke, par conséquent de son carbone, est à celui du charbon de bois, par conséquent de son carbone, comme 20 est à 8, :: 5 : 2.

Donc, à volume égal, le coke chauffera et carbonnéera deux fois et demie autant de fonte que le charbon de bois.

Or, en prenant un terme moyen entre les fourneaux de la Moselle et ceux des Ardennes, on trouve qu'un millier de kilogrammes de fonte grise brute, emploie . . . . . 190 pieds cubes de charbon de bois, du poids de 1520 kilo. qui, au prix moyen de 0 fr. 50 c. le pied cube, coûtent . . . . . 95 fr. 00 c.

Donc, d'après ces données et ce qui a été établi plus haut, le millier de kilogrammes de fonte brute traitée au coke, n'exigera que les $^2/_5$ de 190 pieds cubes = . . . 76 p. c. de coke, du poids de 20 k. le p. c. (1) = 1520 kilo. de coke, provenant de 3420 kilogrammes de houille, qui, au prix moyen de 1 fr. 60 c. le quintal métrique (2), pour les forges des terrains houillers, compris les frais de carbonisation,

(1) Nous supposons ici que le volume du coke est le même que celui de la houille; cependant il est reconnu que dans le coke il y a une augmentation de volume qu'on estime d'un vingtième à un quinzième au plus, suivant que la houille est plus ou moins bitumineuse : mais cette différence ne fait rien dans nos calculs, puisque nous établissons le prix du coke d'après le poids de la houille.

(2) Nous verrons ci-après, 2e partie, section 6, que le prix moyen de la houille sur le carreau des mines est de 1 fr. 20 : nous avons ajouté ici 0 fr. 40 c. pour frais de transports, de carbonisation, etc.

valent . . . . 54 fr. 72 c.

Et donnent une différence de dépense en moins, par millier de kilogrammes de fonte, de . . . 40 fr. 28 c.

C'est-à-dire, que la dépense en charbon de bois est près du double de ce qu'elle serait en charbon de houille.

Or, le produit moyen d'un haut fourneau, par an, est de 600 milliers de kilogrammes de fonte.

Donc, l'économie de fonds sur la dépense d'un fourneau qui emploierait le coke au lieu du charbon de bois, serait, par an, de 24168 fr.

Et comme l'affinage par la méthode ordinaire, et à raison des différentes qualités ou espèces d'échantillons de fers qu'on retire de la même fonte, exige une dépense en charbon, à peu près aussi élevée que celle pour la fusion du minerai, on peut estimer qu'en substituant le charbon de houille au charbon de bois, dans le traitement du fer, un établissement placé à portée des houillères, composé d'un fourneau et d'une forge, économiserait près de cinquante mille francs par an.

SECTION QUATRIÈME.

Fabrication du Fer.

Affinage de la Fonte.

Il est hors de doute que la fonte obtenue par l'emploi du coke, peut être affinée à nos foyers ordinaires d'affinerie, aussi bien que la fonte obtenue avec le charbon de bois. Il n'est pas douteux, non plus, qu'à ces foyers, l'affinage de la fonte peut s'opérer avec le coke sans inconvénient ; mais cette méthode n'est pas aussi avantageuse que la méthode des fourneaux à réverbère.

Les Anglais ont différentes manières de préparer la fonte brute, pour être affinée par cette dernière méthode.

Dans les établissemens où il y a en même temps affinerie et haut fourneau, la fonte brute, qu'on destine à être convertie en fer de forge, est coulée en nappes ou gateaux très-minces. On jette de l'eau sur cette fonte, pour la réfroidir promptement et la rendre cassante, et on la casse en effet en petits morceaux qu'on désigne sous le nom de *Massottes*.

Dans les *Forges* ou *Affineries* proprement dites, on a un foyer brasqué en tout semblable à nos foyers d'affinerie, dans lequel, au lieu de faire fondre la gueuse successivement par parties, en l'avançant à mesure par bout, on place, sur une quantité suffisante de coke, quatre gueuses ou morceaux de fonte brute, d'environ 65 centimètres de longueur, du poids ensemble d'environ deux quintaux métriques, que l'on recouvre de coke : on donne le vent que l'on augmente progressivement.

Alors, suivant la qualité de la fonte, ou l'usage de chaque établissement, on opère la fusion et l'on coule en gateaux qui sont concassés comme dans la coulée du haut fourneau, ou bien le travail est conduit de manière à amener la gueuse seulement au point de pouvoir la diviser, à l'aide de ringards, en plusieurs masses ou loupes que l'on retire successivement en les poussant sur la plaque de fonte ou *refouloir* qui touche au foyer, et au-dessus duquel est un large marteau qui, par son action, aplatit ces espèces de loupes en gateaux de 4 centimètres environ d'épaisseur. Les morceaux qui s'en échappent sont portés immédiatement à la percussion d'un autre marteau plus petit, et enfin tous ces gateaux sont ensuite concassés à froid sous les mêmes marteaux.

Les massottes, provenant de *fonte coulée*, prennent le nom de *Massottes de brut-métal*; celles qui sont formées par la percussion du marteau, prennent celui de *Massottes de fine-métal.*

Les massottes sont portées dans un four à réverbère dont la grille est alimentée avec de la houille, mais à laquelle on ne met le feu que lorsque les massottes sont placées : par ce moyen, la fonte se dilatant par degré, laisse couler peu à peu les parties vitreuses qu'elle renferme, et, à mesure que la fusion s'opère, le carbone brûle et s'en dégage avec l'oxigène.

Après quelques heures de feu, les parties métalliques présentent une masse assez compacte, pour être divisée en *Lopins* qui sont enlevés successivement et passés à un premier cylindre cannelé, pour en obtenir immédiatement ce que nous appelons du fer bâtard, et ce que les Anglais nomment *Fine-Métal*, si les lopins proviennent de massottes de brut-métal; ou *Blooms* (c'est-à-dire fleurs), si les lopins proviennent de massottes de fine-métal.

Le bâtard fine-métal est coupé en *Riblons* et

remis au four à réverbère, où il acquiert un nouveau degré d'affinage : repassé de nouveau au cylindre à grosses cannelures, il prend la dénomination de *Blooms*.

Les *Blooms* ou véritables *Bâtards* sont chauffés dans un four à réverbère et passés successivement aux divers cylindres cannelés, suivant les barres d'échantillon qu'on veut obtenir.

Pour avoir le véritable fer fort, les *Blooms* ou *Bâtards* sont doublés, chauffés et repassés successivement à toutes les cannelures, pour arriver par gradation à l'échantillon voulu.

Ce travail, qui paraît d'abord compliqué, se fait néanmoins avec une étonnante célérité.

Aussi bien qu'on peut affiner à un foyer ordinaire d'affinerie la fonte brute, en employant le coke, on peut de même, à défaut de cylindre cannelé, traiter par la méthode ordinaire (la percussion au marteau) les lopins sortis du réverbère. Avant l'usage des cylindres cannelés, les Anglais n'employaient pas d'autres moyens.

Dans tous les cas, quelle que soit la méthode suivie, la fonte obtenue avec le coke donne du fer qui n'est point inférieur en qualité au fer obtenu avec le charbon de bois.

En effet, quelle serait la substance contenue

dans la houille, qui pourrait altérer les métaux? il n'y aurait que le soufre. Or, il est démontré par tous les moyens d'analyse et par les faits, que cette substance n'est qu'accidentelle dans la houille ; qu'elle ne s'y trouve que dans une très-faible proportion (0,50 sur 100 parties); enfin, que dans l'opération de la carbonisation, elle est brûlée avec le bitume.

Dans un ouvrage très-connu et estimé avec raison, on trouve cette assertion étrange : « le soufre contenu dans la houille ne se brûle *qu'à la fin* de la combustion du bitume, et pendant cette combustion, des particules de cette substance forment des acides qui se portent sur l'alumine que la houille renferme et s'y fixent : ces sels alumineux décomposés dans le haut fourneau abandonnent le soufre, et alors celui-ci se porte sur le fer. »

Cette opinion n'est aucunement fondée. D'abord, il est incontestable que le soufre est plus inflammable que le bitume ; il doit donc brûler avant cette dernière substance ; et en effet, lors de la combustion de la houille, c'est d'abord l'odeur du soufre qui se manifeste ; puis, en supposant la prétendue formation d'acide sulfurique dans le coke, il faudrait d'abord, pour concevoir que dans le haut fourneau cet acide se portera sur le fer, admettre que le soufre a plus d'affinité pour le fer, et pour le fer encore dans sa gangue, que pour l'oxigène en mouvement dans le haut fourneau : ce qui est entièrement opposé à l'expérience. On sait, par exemple, que 100 parties de soufre absorbent 71,30 parties d'oxigène ; tandis que 100 parties de fer ne peuvent prendre en combinaison que 56 parties de soufre (Vauquelin, Kirwan). Nous croyons donc, dans tous les cas, pouvoir avancer que la très-faible partie de soufre que le coke pourrait retenir dans l'opération de la carbonisation, doit se volatiliser dans le haut fourneau.

On se sert aussi du coke pour le fondage des minerais de cuivre à Chessy et à Saint-Bel, près de Lyon, dans le pays de Mansfeld et ailleurs : on l'emploie au traitement du minerai de plomb en Silésie, aux mines de Bleyberg, près Aix-la-Chapelle, etc. (*Annales des Mines.*)

Le charbon de houille n'altère donc point les métaux, comme on l'a prétendu, pas même le fer ; ou bien il faut soutenir, contre l'évidence, que notamment les Anglais, qui n'emploient que la houille pour fabriquer soit leurs fers, soit leurs aciers, n'ont ni bons fers ni bons aciers.

A cela, les ouvriers des forges, et même des

maîtres de forges, répondent que sans doute la houille d'Angleterre est d'une toute autre qualité que la houille de France!... Voilà bien le préjugé avec tout son empire; car ceux qui pensent ainsi n'ont pas même tenté un seul essai pour vérifier le fait! Dans tous les cas, on peut se dispenser de réfuter sérieusement cette opinion; il suffira de faire remarquer que présentement tous nos ouvriers à la petite forge n'emploient que la houille, et l'emploient telle qu'elle sort de la minière (1), et que pourtant nos armes, notre coutellerie, notre serrurerie, n'en sont pas d'une plus mauvaise qualité. Pourquoi donc ce même combustible purifié, c'est-à-dire carbonisé, produirait-il un effet opposé, dans le traitement du minerai? Il n'y a pas plus de vingt ans que l'usage de la houille a commencé à se généraliser dans nos petites forges: avant cette époque, les ouvriers ne voulaient pas entendre parler de houille. Quelques essais ont suffi pour vaincre le préjugé et la routine: il en sera de même dans les hauts fourneaux, à l'égard du coke.

(1) On l'emploie de même dans nos platineries et nos chaufferies; mais dans la proportion d'un tiers ou un quart avec le charbon de bois. En carbonisant la houille, il n'y aurait pas de mélange à faire.

Vieux Fers reforgés.

Indépendamment de tous les fers que l'Angleterre importe de Suède pour la fabrication de ses aciers et pour fournir à son immense commerce d'exportation, elle tire encore une grande quantité de vieux fers de tous les États du continent.

Ces ferrailles sont cassées, coupées en riblons et rassemblées dans des creusets de 30 à 32 centimètres de profondeur et autant de largeur. Ces creusets sont placés dans un four à réverbère qui peut en contenir au moins vingt distans d'environ 3 centimètres l'un de l'autre.

Après trois heures environ de feu, les creusets sont tous cassés par l'effet de la chaleur. Les riblons de chaque creuset se trouvent agglomérés et dans un état pâteux, présentant autant de lopins qui sont traités comme dans l'opération décrite plus haut.

Dans quelques établissemens d'Angleterre, les massottes sont de même rassemblées dans des creusets, et lorsque ceux-ci se brisent, le laitier se répand, et les lopins se trouvent tout formés. Cette méthode paraît devoir faciliter l'opération et même l'affinage : quoiqu'il en soit, le vieux fer ainsi reforgé est aussi estimé que le meilleur fer de Suède. Les Anglais l'emploient de préférence à la fabrication des canons de fusil.

Tous ces faits doivent paraître concluans en faveur de la nouvelle méthode. En effet, dans le four à réverbère, la fonte étant très-divisée doit s'y desoxigéner entièrement sans rester carbonnéée; ce qui ne peut avoir lieu aussi complètement à un foyer ordinaire d'affinerie dans lequel la fonte est en contact avec le charbon : d'un autre côté, l'action des cylindres cannelés est parfaitement analogue à celle de la percussion : dans l'une comme dans l'autre opération, les molécules du fer sont pressées et rapprochées de manière à en exprimer les parties vitreuses qu'elles peuvent encore contenir. Ainsi ces deux nouveaux procédés réunis concourent au but principal, et le dernier procure de plus une très-grande économie de main-d'œuvre, tout en multipliant considérablement les produits. C'est cette méthode enfin qui, avec l'emploi de la houille pour la réduction du minerai, permet aux Anglais de donner leurs fers à un si bas prix.

SECTION CINQUIÈME.

Fonte de seconde fusion, pour couler des Bouches à Feu, Projectiles, etc.

Les fourneaux à réverbère dans lesquels on met en fusion la fonte brute, pour couler des bouches à feu et projectiles, contiennent ordinairement dix quintaux métriques : il y a de ces fourneaux qui reçoivent jusqu'à vingt et même trente quintaux ; mais les Anglais ont l'expérience que le métal est plus parfaitement purifié dans ceux d'une médiocre capacité. Dans leurs grandes fonderies, il y a toujours au moins six à huit fours à réverbère réunis pour une même coulée.

Les réverbères sont chauffés, avec la houille, deux heures environ à l'avance ; et lorsque la voûte est *Blanc-de-Lune*, on y introduit les morceaux de fonte. La fusion s'opère promptement, et comme elle a lieu hors du contact immédiat du combustible, la fonte ne peut recevoir une addition de carbone ; au contraire, dans cette opération, il y a nécessairement dégagement de cette dernière substance et d'oxigène. quant aux parties vitreuses, il ne peut être question ici d'en purifier entièrement la fonte, attendu que sans elles il n'y aurait plus de fluidité, ou plutôt, ce ne serait plus de la fonte; mais du fer. Ce sont, au surplus, les parties vitreuses qui donnent à la fonte le degré de dureté qui lui est nécessaire : il suffit que ces parties n'y soient pas en trop grande proportion, et que les plus grossières qui surnagent sur le bain soient enlevées. On obtient ce résultat au moyen de la massotte.

Deux heures et demie suffisent pour la parfaite fusion et l'affinage de la fonte.

On coule avec cette fonte de seconde fusion des bouches à feu, des projectiles creux et pleins, des engrenages de mécaniques, des ornemens de fontaine et de jardin, des voussoirs de coupoles et de ponts; enfin plusieurs autres objets qu'on fait ordinairement en fer forgé. Par une seconde, une troisième fusion, la fonte s'épure plus parfaitement, se raffine, prend un grain extrêmement fin, et devient susceptible de se mouler sur les objets sculptés ou compliqués; enfin elle remplace le bronze (1).

---

(1) Par exemple, on coule des vases, des statues dans les établissemens de M. Daguin, à Wassy, (Haute-Marne) et même des médailles dans ceux de M. de Wendel, à Hayanges.

C'est ainsi que la fonte de fer acquiert des qualités éminemment avantageuses : depuis que notre marine a adopté cette méthode d'affinage, elle a trouvé une grande amélioration dans son artillerie. On sait d'ailleurs que les projectiles des Anglais sont de toute beauté : il est peu d'officiers d'artillerie qui n'aient eu occasion de les admirer. Il n'est point nécessaire de les battre comme les nôtres ; ils sont seulement étampés rouges, et sortent de là parfaitement sphériques et très-lisses : ils sont coulés en coquilles.

Les canons sont coulés avec un noyau un peu au-dessous du calibre, forés et tournés comme les canons en bronze.

On a l'expérience en Angleterre que ces canons sont d'un meilleur service que les canons en bronze, probablement parce que la fonte de fer, ainsi préparée, a plus de ténacité que le bronze et en même temps est plus dure : que par conséquent elle n'est point susceptible de s'amollir, c'est-à-dire, de se dilater aussi promptement que le bronze, dans un tir prolongé ou précipité.

Si, à ce grand avantage, on ajoute celui qui résulte de la différence de valeur intrinsèque des deux métaux, on pourra conclure que l'usage des bouches à feu en fer coulé est éminemment économique.

Aussi, toutes les bouches à feu de place et de siège des Anglais sont en fer coulé ; ce qui est un assez bon témoignage contre l'avis opposé, que ces bouches à feu sont d'un très-bon service.

On a vu avec l'armée anglaise, à Paris en 1815, des canons en fer coulé, attelés sur affuts, qui ne paraissaient pas plus matériels que nos pièces de 12.

Le poids des canons en fer coulé est en Angleterre, pour le calibre de

Calibre	Poids	Par liv. du poids du boulet	
42,	de 7140 liv.;	170 liv. par liv. du poids du boulet (1).	
24	— 5520 —	230 id.	
18	— 4500 —	250 id.	
12	— 3528 —	294 id.	
9	— 2745 —	305 id.	
6	— 2466 —	411 id.	Les pièces en fer de ces trois calibres ne servent qu'à la marine. Celles du même calibre pour le service de terre sont en bronze.
4	— 1372 —	343 id.	
3	— 810 —	270 id.	

Ces canons sont à peu près de la même longueur que ceux des calibres français correspondant ; mais ils sont d'un poids un peu plus fort : ce qui ne paraît pas devoir être un inconvé-

(1) Bombardier anglais, 1813.

nient pour des pièces de place et de siège. Au surplus, si cette augmentation de poids peut rendre la manoeuvre plus difficile, cet inconvénient est compensé par l'avantage d'un plus grand perfectionnement dans le tir. « Le poids » du canon, plus ou moins grand, arrête, ra- » lentit ou facilite le recul; ce recul n'a plus » lieu et la force qui le produit reste morte; » tandis qu'elle peut agir sur le boulet en mou- » vement. »

Donc, la quantité de mouvement, la vîtesse, les portées, la justesse du tir, doivent augmenter avec le poids des canons.

S'il était nécessaire d'appuyer ce principe d'un exemple frappant, on citerait les épreuves faites, à Paris en 1813, sur une pièce de 8 en fer forgé, du poids seulement de 259 kilogrammes, présentée par des artistes de Lyon, et dont le recul fut de 8 mètres, avec une charge de 1 kilo. et demi de poudre, et de 12 mètres, avec une charge de 2 kilogrammes (1).

La portée de cette pièce ne fut point constatée; mais il est hors de doute qu'elle fut dans une proportion inverse du recul. Dans tous les cas, un recul aussi considérable, et même bien

(1) Voir l'Aide Mémoire, 5e édition, page 784.

moins considérable, sera toujours un motif puissant d'éloigner toute idée d'alléger les bouches à feu. En amenant la fonte de fer à l'état de pureté, par conséquent de densité, auquel elle peut parvenir, on obtient une pesanteur spécifique très-rapprochée de la pesanteur spécifique du bronze; et comme d'ailleurs cette fonte offre la dureté et la tenacité nécessaires, il ne serait point indispensable d'augmenter le poids actuellement fixé de nos bouches à feu.

SECTION SIXIÈME.

Théorie de la Fonte de Fer.

Qualités que doit avoir la Fonte brute pour être affinée au four à réverbère.

Les avantages de la méthode des fourneaux à réverbère pour l'affinage de la fonte, étant démontrés par des faits et attestés par l'expérience, il doit paraître important de rechercher,

« Qu'elle doit être la nature de la fonte brute » pour qu'elle soit susceptible d'être coulée en » bouches à feu ou projectiles, au moyen d'une » seconde fusion, dans un four à réverbère, ou » convertie en fer de forge par la même mé- » thode ? »

En rapprochant les procédés des résultats connus, on a toutes les données nécessaires pour parvenir à caractériser l'espèce de fonte employée ; mais pour arriver plus sûrement à une démonstration rigoureuse à ce sujet, nous nous aiderons des expériences curieuses faites au

Creusot, en 1790, par M. Gazeran, pour constater la tenacité des fontes.

Le procédé imaginé par ce chimiste distingué en métallurgie, est indiqué par Monge, dans son *Art de fabriquer les Canons ;* mais sans rapporter de résultats d'expériences. C'est au Creusot même que nous nous sommes procuré le tableau ci-après des expériences de M. Gazeran, et nous le devons, ainsi que beaucoup d'autres renseigemens très-importans sur cette fonderie, à la bienveillance de M. le capitaine en 1er d'artillerie de marine Pichat, inspecteur pour la marine dans cet établissement, officier très-instruit et distingué dans son arme (1).

« Ce procédé consiste à avoir un lingot de » la fonte à éprouver, de 3 pouces carrés ($0^m,081$) » et d'environ 15 à 18 pouces ($0^m,18$) de » longueur : on introduit ce lingot par une de » ses extrémités dans une boîte de fonte scellée » dans un mur solide, et qui présente dans » son intérieur un point d'appui sur lequel » repose le lingot : on fixe à l'autre extrémité

(1) Nous apprenons que ces expériences de M. Gazeran sont consignées au tome 7 des Annales de Chimie.

» un levier de fer forgé retenu au lingot par » une bride de fer, et portant, à 6 pieds 6 » pouces de distance (2^m,110) du point d'appui, » un plateau de balance. Enfin, on charge ce » plateau de poids successifs jusqu'à ce que la » charge détermine la rupture du lingot. Si » le lingot peut supporter 1500 livres dans le » plateau de balance avant que de se rompre, » la fonte a assez de ténacité pour être em- » ployée à la confection des pièces d'artillerie. » (Monge.)

TABLEAU des Expériences comparative[s] faites à la Fonderie du Creusot, sur la ténac[ité] des Fontes de fer.

NOTA. Les barreaux d'épreuve avaient exactement 3 pouces en carré sur 18 pouces de longueur.

	Indication des fontes employées et de la proportion des alliages.	Numéros des Barreaux de fonte éprouvés	Poids employé pour les rompre.	Quant[ité] de carbu[re] de fer trouvé[e] dans les fontes.
			liv.	l. on. g[r]
Fontes faites avec du coke.	Fonte blanche provenant d'un canon qui a été crevé hors des épreuves ordinaires.	1	1.162	». 5.»
	Fonte blanche.	2	1.096	». 4.»
	Fonte d'un haut fourneau du Creusot, dans lequel on employait un tiers de coke inférieur en qualité et deux tiers de bon.	3	1.328	». 6.»
	Fonte anglaise, peu grise, refondue au réverbère	4	1.378	». 8.»
	Fonte d'un haut fourneau dont le travail était dérangé, le laitier mauvais	5	1.028	». 5.»
	Fonte d'un haut fourneau dont la tuyère était obstruée depuis deux jours	6	1.405	1. 8.»
	Fonte grise du Creusot, refondue au réverbère avec partie égale de fonte grise de Franche-Comté (Canons solides).	7	1.578	2. ».»
	Idem, avec un quart de Fonte grise de Franche-Comté.	8	1.687	2. 2.»
Fontes au charbon de bois.	Fonte un peu grise, du Périgord, et refondue au réverbère.	9	1.416	1. 8.3
	Fonte bien grise de la Franche-Comté, refondue au réverbère.	10	1.665	1.15.7
Fontes au coke, refondues à une haute température.	Fonte grise d'un haut fourneau du Creusot, dans lequel on emploie du bon coke.	11	1.721	2.12.»
	La même refondue au four à réverbère	11 bis.	1.818	».14.»
	Fonte plus grise, d'un haut fourneau du Creusot, chargé d'excellent coke	12	1.806	3. ».»
	La même refondue au réverbère (Excellens Canons).	12 bis.	2.025	».12.»
	Fonte grise du Creusot, pour tuyaux et autres ouvrages moulés. . . .	13	1.771	2.13.»

L'examen de ce tableau fait connaître,

1°. Que le degré de ténacité est sensiblement en raison de la quantité de carbure de fer trouvée dans chaque espèce de fonte ;

2°. Que les fontes au coke sont en général plus carburéées que les fontes au charbon de bois, et ont aussi donné plus de résistance ;

3°. Que, par une seconde fusion, la quantité de carbure diminue considérablement, et que néanmoins le degré de ténacité augmente.

Or, ce dernier fait nous paraît évidemment résulter de ce que, dans le four à réverbère, la plus grande partie du carbone dont la fonte est saturée, et l'oxigène qu'elle retenait encore en combinaison, se dégagent des parties métalliques, s'unissent et disparaissent par la combustion; ce qui rapproche d'autant les molécules de la fonte, et augmente la cohésion, par conséquent la ténacité (1).

Il paraît donc démontré que, dans le four à réverbère la fonte est parfaitement desoxi-

(1) D'après ce principe, un moyen simple et toujours très-sûr de vérifier le degré de ténacité d'une fonte, est sa pesanteur spécifique; car il est évident que la ténacité est en raison du rapprochement des molécules, par conséquent du poids.

génée, et que c'est à sa desoxigénation qu'elle doit sa plus grande ténacité ; mais qu'on ne peut obtenir ce résultat que d'une fonte fortement carbonnéée, puisque l'oxigène ne peut se dégager sans la présence du carbone, et qu'ici la fusion a lieu hors du contact immédiat du charbon.

D'une autre part, on est assuré de la bonne qualité des objets fabriqués, avec cette fonte, par l'usage qu'en font généralement les Anglais et particulièrement notre marine.

Il est donc constant que cette fonte de seconde fusion est douce ; qu'elle a en même temps de la dureté et de la ténacité. Cette même fonte est donc grise : elle a donc conservé le degré de carbonéation nécessaire pour la qualité qu'on recherche : cette fonte était donc, en effet, surcarbonnéée avant sa seconde fusion.

On peut donc établir en principes,

Que la fonte brute destinée à être refondue dans un four à réverbère, pour être coulée en bouches à feu, doit être surcarbonnéée ;

Que la fonte brute, destinée à être affinée dans un four à réverbère, pour projectiles ou fer de forge, doit être carbonnéée.

En désignant les divers degrés de carbonéation de la fonte, par la couleur qu'elle affecte, on doit entendre, ainsi que le dit M. Jars, que la *ténacité* et la *ductilité* augmentent à proportion que la fonte approche plus du *très-gris*, comme la *dureté* et la *fragilité* s'accroissent, à mesure que la couleur tire au *blanc*; de sorte qu'on peut dire, *très-grise* pour *très-tenace* et *ductile*, *grise* ou *truitée* pour *dure et tenace*, *blanche* pour *très-dure* et *fragile*.

Il suit donc de ces principes,

1°. Que la fonte brute, pour bouches à feu, doit être *noire* : les indices auxquels on la reconnaît, sont qu'elle coule assez difficilement; qu'elle est d'un grain fin, mais non distinct; qu'elle est douce, mais de peu de ténacité : elle sortira *grise* du four à réverbère, et alors elle coulera aisément; sa surface sera unie, sa cassure présentera un grain fin, égal et serré, d'une couleur plombée : elle aura de la ductilité et beaucoup de ténacité;

2°. Que la fonte brute pour projectiles doit être *grise* pour sortir *truitée* du réverbère : alors elle présentera un grain un peu moins terne que la fonte grise; elle aura une certaine dureté et de la ténacité;

3°. Que la fonte brute pour fer de forge doit être *grise* pour sortir *blanche* du réverbère, c'est-à-dire, entièrement dégagée de carbone et d'oxigène (1).

Il est évident que la fonte qui sera blanche de sa nature, ne pourra que faiblement perdre des élémens qui la constituent et la caractérisent; puisqu'elle ne contient que très-peu de carbone. Ainsi, elle restera propre à fabriquer les fers pour bandages de roues et autres ferremens qui demandent de la dureté et qui doivent plutôt casser que plier.

Remarques sur la fonte des Minerais d'alluvion.

On sait que tous les minerais d'alluvion, variété granuleuse à grains fins, dite *oolites*, contiennent du phosphate de fer qui, dégagé des particules métalliques par l'action du calorique, est amené à l'état d'acide phosphorique. Or, cet acide est vitreux, il fait partie du laitier, et c'est suivant qu'il s'y trouve en plus ou moins grande proportion, que le fer provenant

(1) Dans le réverbère pour affinage du fer de forge, la fonte y étant très-divisée, le carbone s'en dégage, et y brûle plus facilement et plus complétement que dans le réverbère pour fonte à couler.

de cette espèce de fonte est plus ou moins cassant à froid. On pense même généralement, que cette fonte ne convient point pour projectiles, parce qu'elle manque de ténacité, et c'est pour corriger ce défaut qu'on allie ordinairement le minerai *oolite* à un minerai plus pur. Or, le minerai du Creusot est d'alluvion(1). A l'époque qu'ont eu lieu les expériences de M. Gazeran, sur la ténacité des fontes du Creusot, on alliait ce minerai à un tiers ou à un quart d'*hématite* (2) : présentement, on l'emploie sans mélange, et pourtant la marine en obtient des projectiles de bonne qualité; mais il est à remarquer qu'elle ne les obtient ainsi que de seconde fusion.

On pourrait donc conclure de ces résultats, qu'au moyen d'une forte combinaison de carbone, on peut, d'abord, dégager en partie l'acide phosphorique de la fonte, comme on peut dégager cette même fonte de toute autre substance hété-

(1) L'analyse qui en a été faite par M. l'Ingénieur des Mines De Gueniveau, a donné 0,27 et 0,75 de phosphate de fer, sur 100 parties de fonte. Ces essais sont consignés au tome 22, page 455 des Annales des Mines.

(2) Alors on coulait au Creusot des canons pour la marine; aujourd'hui ce corps n'y fait fabriquer que des projectiles.

rogène formant le laitier; qu'une autre partie de cet acide peut ensuite, au moyen d'une chaleur intense au four à réverbère, être amené à l'état d'acide phosphoreux et disparaître par la combustion; enfin que le minerai phosphaté peut être utilisé, sans alliage, pour fers coulés.

Les produits actuels du Creusot, non seulement en projectiles, mais encore en articles de tous genres, soit pour les arts soit pour le commerce, semblent confirmer cette théorie; ou bien il faut admettre que la présence du carbone, qui suppose l'absence de l'oxigène, neutralise dans la fonte l'effet de l'acide phosphorique. Il serait facile de s'en assurer, en analysant cette fonte, ou seulement en l'affinant pour fer de forge.

Retrait de la Fonte, duquel on déduit le moyen d'obtenir une augmentation de volume dans les boulets faibles de calibre.

Les corps chauffés se dilatent en raison du degré de chaleur qui leur est communiqué: ils reprennent leur premier état par le refroidissement.

La dilatation, quelque degré de chaleur que l'on emploie d'abord, n'a point lieu simultanément : dans les métaux, par exemple, elle s'opère lentement et par degré, en raison toutefois de l'intensité de la chaleur.

Il n'en est pas de même du refroidissement qui amène la condensation ; plusieurs circonstances peuvent en précipiter ou retarder la marche : cependant, pour que le corps dilaté revienne exactement à son premier état, il faut que la condensation n'en soit pas plus brusque que n'a pu l'être la dilatation.

« Le degré de refroidissement, la percussion » et d'autres opérations mécaniques produisent » des changemens importans dans la cohésion » de certains métaux. » (*William Henry de Gaultier-Claubry*, tome 1er, page 19.)

Supposons donc un boulet chauffé presque blanc, ou venant d'être coulé : si le refoidissement a lieu naturellement, c'est-à-dire, hors du concours d'une action étrangère, telle qu'un courant d'air, par exemple, le calorique interposé ne se dégagera que d'après les lois d'équilibre de ce fluide; les molécules ne perdant qu'à mesure leur état de dilatation, se rapprocheront insensiblement en glissant l'une sur l'autre par la force d'attraction moléculaire; et passant enfin par tous les degrés d'extension qu'elles avaient parcourus, elles rentreront dans leur premier état, si c'est un *boulet chauffé*; ou prendront l'état de densité que les élémens de la matière comportent, si c'est un *boulet coulé*. Voilà tout le retrait, et il sera d'autant plus considérable, que la matière aura été plus dilatée.

Si au contraire le refroidissement a lieu précipitamment, par l'immersion dans l'eau froide par exemple, le calorique se dégagera par une force de mouvement, d'autant plus vive et instantanée, que l'eau sera à une température plus basse ; la condensation des molécules aura lieu simultanément à la surface ; les molécules intérieures encore dilatées en cet instant retiendront les molécules supérieures dans leur mouvement d'attraction sur le centre, et dès-lors le volume sera fixé. Le refroidissement parviendra promptement jusqu'au centre, et au lieu de se serrer les unes sur les autres, les molécules des couches inférieures, retenues à leur tour par les molécules déjà fixées des couches supérieures, seront arrêtées dans leur mouvement d'attraction. Il y aura donc augmentation de calorique latent, c'est-à-dire, de force répulsive qui fera équilibre à la force attractive : la masse aura donc moins de densité que dans le cas précédent : le *boulet coulé* aura donc pris moins de retrait : le *boulet chauffé* aura donc augmenté de volume, et cela en raison du degré de refroidissement. De là les variations de densité et même de qualité dans la même fonte.

En effet, une fonte *grise* refroidie subitement, blanchit, devient dure et cassante : si la masse présente une surface plane, d'une certaine épaisseur, et que le prompt refroidissement ne puisse pénétrer jusqu'au centre, les contours tiendront de la fonte *blanche*, et le milieu de la fonte *grise*; sa surface sera un peu concave. L'on conçoit que cela doit être, puisque le retrait a été arrêté à la circonférence, et que de la circonférence au centre il s'est opéré graduellement.

On peut donc déduire de ces faits, 1° que le retrait de la fonte est en raison inverse du degré de refroidissement; 2° que l'on peut à volonté obtenir de la dureté dans une pièce ou partiede pièce, coulée en fonte, en y portant le prompt refroidissement.

C'est précisément le cas de l'acier : ce que son volume conserve d'extension après la trempe, la dureté qu'il acquiert par cette opération, est toujours en raison du degré de refroidissement; mais il devient cassant de très-malléable qu'il était. Il y a donc ici analogie entre l'acier et la fonte grise : leurs élémens sont en effet les mêmes. Pour rendre l'élasticité à l'acier, on lui donne du recuit : en recuisant la fonte on lui rend sa ténacité ; mais la densité de l'un et l'autre corps reste la même ou au moins ne change pas sensiblement. L'élasticité de l'acier est donc due à la raréfaction de ses molécules, par conséquent à l'augmentation de calorique latent.

Il paraîtrait donc que dans le refroidissement subit produit par l'immersion, le métal absorbe l'oxigène de l'eau décomposée ; tandis que, dans le recuit, le contact du carbone le lui enlève suivant l'intensité de la chaleur.

Il résulte de ce qui précède, sur le retrait de la fonte, que pour obtenir une augmentation de volume dans les boulets faibles de calibre, il faut, au lieu de les faire refroidir lentement dans du *frasil*, en accélérer le refroidissement, soit en les tenant à un fort courant d'air, soit en les mettant dans l'eau froide ; ce qui aura plus d'effet (1).

---

(1) En 1811, étant sous-directeur des forges des Ardennes, j'avais reconnu, par suite d'expériences, que mettre des boulets rouges refroidir dans du frasil, dans la vue d'obtenir une augmentation de volume, était

Il est vrai que par ce dernier moyen l'effort que fait le calorique interposé, pour se dégager, est tellement violent, la force de cohésion est neutralisée au point, que si la fonte n'a pas de ténacité par sa nature, le boulet se brise : ainsi, cet accident n'arriverait qu'aux boulets de fonte blanche, et l'épreuve aurait encore, en cela, son utilité.

C'est probablement par suite de la même cause, que par une forte gelée, des ferremens, des ressorts en acier et même des boulets cassent quelquefois au moindre choc : dans cette circonstance, le métal éprouve l'effet de la trempe ; rendu à une température plus douce, il éprouve l'effet du recuit.

Nous avons vu que le retrait de la fonte variait suivant le degré de refroidissement ; mais il est encore une cause de différence de retrait entre la fonte grise et la fonte blanche. On

---

plus qu'illusoire ; mais à la même époque M. le capitaine d'artillerie D....... prétendit avoir obtenu de ce procédé des résultats qui en justifiaient l'emploi, et la question resta indécise. Cependant je m'étais assuré qu'il suffisait de rebattre, ou seulement de laver les boulets grossis de cette manière, et que la croûte charbonneuse, qui pouvait faire croire un moment à une extension de volume, disparaissait promptement.

sait que la fonte que désigne cette dernière nuance prend plus de retrait que la fonte grise; cela vient, très-probablement, de son état d'oxigénation; car, quoique non carbonnéée, comme elle a été en contact avec le charbon, elle a retenu une certaine portion de carbone: or, tant que la fonte reste en ignition, c'est-à-dire, pendant tout le temps du refroidissement, le carbone et l'oxigène s'unissent et forment du gaz acide carbonique qui se dégage; l'affinité agit plus librement alors, la masse se condense et subit un retrait plus considérable.

Ainsi, toujours par le même principe, pour avoir moins de retrait dans la fonte blanche, il faut en presser le refroidissement.

Mais si cette fonte était alors trop cassante, on pourrait, en lui faisant subir le recuit, lui rendre le degré de ténacité qu'elle aurait perdu.

Il en est de même de toute fonte blanche; elle peut, dans tous les cas, acquérir un certain degré de ténacité par le recuit; il suffit pour cela de la tenir, pendant l'opération, en contact avec le charbon.

DEUXIÈME PARTIE.

PRÉCIS

SUR

LA HOUILLE (1).

SECTION PREMIÈRE.

Principales Variétés de la Houille.

ON distingue dans la houille trois variétés principales, les seules qui soient généralement employées dans les arts ou l'économie domestique, et de chacune desquelles nous allons rapporter les principaux caractères et les propriétés particulières. Les autres variétés, assez nombreuses, mais peu importantes à tous égards, sont d'ailleurs sans intérêt dans l'objet qui nous occupe.

(1) D'après M. Brard, collaborateur de M. Brongniart.

1°. HOUILLE COMPACTE. *Cannel coal.*

Cette variété est d'un noir un peu grisâtre, dans l'état naturel ; mais quand elle a reçu le poli qu'elle est susceptible de prendre, sa couleur devient très intense et analogue à celle du jaïet : sa cassure est ou largement conchoïde, ou droite et à surface plane : elle est assez solide pour pouvoir être travaillée sur le tour; mais sa dureté est peu considérable. La houille compacte est fort légère, à peine pèse-t-elle 1,25 ou 45 kilogrammes le pied cube. Elle brûle avec facilité, en produisant une flamme blanche, brillante, légère et allongée ; mais sans donner beaucoup de chaleur : son résidu est seulement de 3 pour cent.

Cette houille ne s'est encore trouvée, en grand, que dans les duchés de Lancastre en Angleterre et de Kilkenny en Irlande.

2°. HOUILLE GRASSE. *Smith coal.*

Cette variété, qui est connue dans les arts sous le nom de charbon *collant*, de *charbon maréchal*, c'est-à-dire de *forge*, est d'un noir éclatant, facilement combustible, et du poids de 45 à 50 kilogrammes le pied cube : sa propriété la plus remarquable est la manière dont elle se comporte en brûlant ; elle se gonfle, se ramollit, semble couler, se fondre, et s'agglutine de manière à ne former qu'une seule masse, qu'on est forcé de briser pour donner accès à l'air et empêcher qu'elle ne s'étouffe elle-même. Cette propriété qui peut devenir incommode, quand on fait usage de la houille *grasse* dans les grilles domestiques, ou sur celles des fourneaux à réverbère ou d'évaporation, est très-favorable au contraire au travail de la forge : car il en résulte qu'il se forme, en avant de la tuyère, une espèce de petite voûte ardente sous laquelle le fer est également échauffé, et qui ne s'écroule point quand on le retire pour le forger, ni quand on le remet au feu : par cette raison, la houille grasse menue est particulièrement avantageuse au travail des serruriers et des cloutiers.

La flamme de la houille grasse est blanche ; la chaleur qu'elle produit est très-forte, et sa fumée, quoiqu'abondante pendant la première combustion, est plutôt aromatique que fétide. Les lits ou les filets brillans que l'on remarque dans la cassure transversale de cette houille, sont les parties qui renferment la plus grande quantité de molécules combustibles et qui laissent le moins de résidu après l'incinération : le contraire arrive aux portions ternes, qui s'approchent d'autant plus du schiste bitumineux que leur aspect est plus terreux. Peu de houilles sont absolument exemptes de ces parties maigres et argileuses.

Les houilles grasses se trouvent dans les terrains schisteux qui alternent avec du grès; elles sont généralement accompagnées d'impressions végétales, et paraissent être absolument étrangères aux pays calcaires. Les houilles de Saint-Étienne, de Rive-de-Gier et de Givors en Forez; celles de Fins en Bourbonnais; celles de Valenciennes; celles de Litry en Normandie, etc.; celles de Newcastle et plusieurs autres en Angleterre et en Écosse, appartiennent à cette variété.

3°. *Houille sèche ou maigre.*

Cette variété est plus lourde et plus solide que les deux précédentes : elle se brise moins facilement; sa couleur noire est moins foncée et passe au gris de fer; sa surface et sa cassure sont souvent très-éclatantes; elle s'enflamme plus difficilement; ne se gonfle presque pas au feu; ne se colle jamais, et produit une flamme bleuâtre, accompagnée d'une fumée fétide ou acre.

La houille *maigre* contient généralement moins de bitume que la houille *grasse*; mais ce bitume est plus également répandu dans toute sa masse; car on ne remarque pas dans sa cassure ces espèces de lits ou de veines qui alternent avec des parties beaucoup plus brillantes, et qui passent insensiblement au schiste bitumineux.

La houille *sèche* se rencontre presque toujours dans les pays ou dans les montagnes calcaires; rarement elle est accompagnée d'impressions végétales. Les coquilles restées blanches au milieu d'un calcaire gris ou bitumineux, caractérisent souvent aussi le gisement de cette houille qui est très-répandue en Provence, et particulièrement aux alentours de Marseille, d'Aix et de Toulon. Les houillères de la Motte et de Peschanard près Grenoble, produisent aussi de la houille sèche; mais elles sont situées dans des schistes argileux.

La houille sèche, ordinairement imprégnée d'une grande partie de pyrites qui se décomposent, a la propriété fâcheuse de s'enflammer spontanément dans les magasins humides ou à l'intérieur même des mines, où il est toujours imprudent de l'abandonner quand elle est extraite. Ces mêmes pyrites la rendent impropre au traitement du minerai de fer, ainsi qu'au travail de ce métal à la forge (1); mais elle convient parfaitement au service de tous les *foyers* qui ont seulement pour objet d'échauffer, ainsi qu'à la cuisson des briques, de la chaux, du plâtre, etc.

---

(1) C'est probablement ce défaut connu de la houille sèche, qui dans nos forges a donné lieu au préjugé contre la houille en général.

« Quelquefois les pyrites sont tellement abondantes dans la houille, que leur décomposition tourne au profit des arts, d'une autre manière : elles produisent alors du sulfate de fer, de l'alun même, et l'extraction de ces deux sels, si précieux à la teinture, donne naissance à des établissemens du plus grand intérêt. D'autrefois, l'acide dégagé des pyrites, au lieu de se porter sur l'oxide de fer ou sur l'alumine, agit sur la magnésie dont les roches sont pénétrées, et donne naissance à ce sel d'*Epsom*, d'origine anglaise, aujourd'hui si commun en France. » (*Brongniart.*)

SECTION DEUXIÈME.

Gisement général de la Houille.

La houille se trouve en *couches*, en *amas*, en *masses*, et rarement en *filons*. Elle n'appartient point indifféremment à toutes les époques : on n'en trouve jamais, ni dans les terrains primordiaux, ni dans les terrains tout-à-fait modernes ; c'est-à-dire, qu'il n'en existe ni dans les granites, ni dans les calcaires grossiers, analogues à ceux des environs de Paris ; mais parmi les terrains dont l'ancienneté relative est intermédiaire entre les formations antiques et les formations récentes. Il y a plusieurs de ces terrains qui servent habituellement de gîtes aux couches ou aux amas de houille, et qui, par cette raison même, ont pris le surnom de *terrains-houillers*.

Ces terrains ne sont que de deux espèces ; les *terrains-houillers* des *grès* et des *schistes*, et les *terrains-houillers* du *calcaire*.

PREMIÈRE FORMATION.

Terrains des Psammites et des Schistes argileux impressionnés.

Les *terrains-houillers*, qui appartiennent à cette première formation, présentent une suite de *couches* assez constantes, qui se succèdent ordinairement dans l'ordre suivant :

1°. ***Psammites*** ou *Grès micacès*, passant aux *mollasses* par un surcroît de *mica* finement réduit en paillettes, et aux *grès grossiers incohérens*, lorsque leurs élémens sont volumineux et simplement agglutinés par un ciment argileux. Ces grès, composés de tous les principes constitutifs ordinaires des roches primordiales, c'est-à-dire, de *quartz*, de *felspath* et de *mica*, offrent une suite de passages et de variétés, soit dans la grosseur de leurs grains, soit dans leur solidité plus ou moins grande, qui varie depuis celui qui s'égrène sous les doigts, jusqu'à celui qui sert à fabriquer des meules de moulins ou des pierres à aiguiser. Le psammite du *bassin-houiller* de la Vezère, département de la Dordogne, a cela de particulier, qu'il est aggloméré par de l'argile *kaolin*, et qu'il en renferme même des noyaux de la grosseur d'une noix, parfaitement purs.

2°. *Schistes argileux.* Ces roches passent d'une part à l'état de grès mollasse par une surabondance de mica, et de l'autre à la houille elle-même par une imbibition de bitume. Dans l'un et l'autre cas, elles sont très-souvent couvertes d'empreintes de plantes. Il arrive ordinairement que les portions solides, les tiges, les pétioles, etc., des végétaux, sont converties en houille noire et brillante à l'excès; tandis que les feuilles et les folioles n'ont laissé que leur simple empreinte : mais il arrive quelquefois aussi, que si les schistes argileux feuilletés recèlent entre leurs feuillets le creux et le relief de chaque partie du végétal, les folioles elles-mêmes conservent leur souplesse, leur transparence, leur organisation, susceptibles encore de brûler à la manière du tabac, et de pouvoir être mises en herbier.

3°. *Couches de marnes de calcaires et d'argile ductile* ou endurcie, d'un rouge brun ou d'un gris verdâtre assez vif.

4°. *Fer carbonaté lithoïde ou terreux*, qui n'est souvent qu'un grès surchargé de carbonate de fer, sujet à se diviser en masses polyédriques, dont la surface est changée en hydrate ou en oxide rouge.

La houille de ces terrains qui s'appuyent

généralement sur la formation des roches primitives, et qui sont recouverts par un calcaire analogue à celui du Jura, ou du moins très-voisin, ou bien encore par le grès rouge, forme toujours ou presque toujours des couches placées les unes au-dessous des autres, séparées par une série de couches de grès, de schistes ou d'argile, qui se répètent quelquefois à plusieurs reprises et toujours dans le même ordre. Ces couches de combustibles, dont le nombre varie de deux à plus de soixante dans le même percement perpendiculaire, étant toujours parallèles aux autres couches pierreuses qui les séparent, sont très-sujettes à des ondulations, des replis et des inflexions multipliées; en sorte que la coupe verticale de ces montagnes présenterait des V droits ou renversés (Λ), des Z et des S emboîtés les uns dans les autres et parallèles dans toutes leurs parties. Ces accidens, qui ont reçu des mineurs des surnoms particuliers à chaque pays, sont assez constans dans la même contrée; parce que tout porte à croire qu'ils sont dus, au moins en partie, aux terrains primordiaux, sur lesquels la formation houillère est venue se *juxta-poser*; et comme ces variations sont plus fréquentes sur les points les plus voisins de ces terrains anciens, cette observation (de M. Brongniart) paraît concluante.

Les couches pierreuses citées ci-dessus, servent indistinctement de toit et de mur à la houille, c'est-à-dire, que les couches reposent les unes sur les autres, ou se recouvrent mutuellement. On remarquera cependant que la houille ne se trouve point immédiatement en contact avec les psammites grossiers; que ce qui la recouvre le plus ordinairement est une argile noire, grasse et très-tenace; que les psammites grossiers sont au contraire assez éloignés pour l'ordinaire, et que ceux qui ont des élémens fins et micacés, en sont toujours plus voisins. On trouve pourtant quelquefois des veinules de houille très-pure au milieu des grès les plus gros et les moins cohérens; mais si l'on en fait un examen attentif, on s'aperçoit bientôt que cette houille appartient presque toujours à quelques débris de végétal ligneux encore très-reconnaissable, quoique ordinairement comprimé. Enfin, on a remarqué aussi que les schistes qui recouvrent les bancs de houille sont fortement imprégnés de bitume; tandis que ceux qui sont au-dessous, n'en contiennent pas, ou fort peu.

Tel est le principal gisement de la houille,

celui qui renferme la meilleure qualité de ce combustible, et qui offre, par conséquent, les exploitations les plus importantes.

DEUXIÈME FORMATION.

Terrains houillers des pays calcaires.

Les *terrains calcaires*, dans lesquels on peut espérer de rencontrer des couches de houille, appartiennent à ces chaînes de second ordre, qui sont appuyées sur la base des Alpes, des Pyrennées, etc., et qui les circonscrivent au loin.

Le calcaire qui constitue cette seconde formation, ou du moins sa masse principale, est ordinairement coquillier, compacte et d'un grain fin et serré; sa couleur varie du blanc jaunâtre au gris clair; il forme des assises ou bancs horizontaux qui présentent des coupes verticales en forme de degrés ou d'escarpemens; mais à mesure qu'on approche du gîte de la houille, les grands bancs s'effacent, la pierre devient marneuse, friable, se divise en feuillets minces qui forment des monticules arrondis où l'on aperçoit déjà quelques traces de charbon : viennent ensuite les feuillets noircis par le voisinage du combustible, mais où le calcaire domine toujours ; et enfin la houille elle-même, dont l'épaisseur et l'inclinaison varient comme celles des couches calcaires qui la couvrent et la supportent, et dont elle n'est séparée que par un feuillet argileux.

Ces houillères, dont le charbon est toujours inférieur en qualité à celui des terrains de grès dont il a été parlé plus haut, et qui appartiennent ordinairement à la variété de *houille sèche*, se trouvent quelquefois à de grandes hauteurs au-dessus du niveau de la mer ; telles sont celles d'Entreverne et d'Arrache en Savoie ; celles de Forcalquier en Provence, celles de Diableret en Valais, etc. On remarquera comme une sorte d'opposition, que les houillères de Marseille, d'Aix et de Toulon appartiennent aussi à cette seconde formation du terrain houiller.

Des Failles ou des Accidens qui interrompent les Couches de Houille.

Les sinuosités, les replis et les étranglemens que l'on rencontre en poursuivant les bancs ou les couches de houille, ne sont point les seuls accidens qui en modifient la marche.

L'exploitant, toujours guidé par la houille elle-même, doit la suivre par-tout où elle se dirige, et ne point perdre l'objet de ses travaux et de ses espérances : cependant, il arrive trop souvent que les couches de combustible se trouvent coupées et interrompues par les *filons* de roche stérile, qu'il faut non seulement traverser de part en part, mais qui dérangent toujours le niveau ou le parallélisme des couches ; en sorte qu'après avoir dépassé cette roche qui a souvent une grande épaisseur, le banc de houille que l'on a quitté, ne se rencontre plus au même niveau ; qu'il faut aller le recouper au-dessus ou au-dessous, suivant que l'on a perdu la houille à la tête ou au sol de la galerie ; et c'est à ces espèces de ressauts que souvent on a dû l'abandon mal fondé de certaines houillères. Ces *filons* stériles, qui coupent les couches des terrains houillers, ont reçu divers noms de la part des exploitans et des mineurs : quand l'espace stérile est fort épais, il porte particulièrement le nom de *faille ;* quand il est moins épais et qu'il ne traverse pas la houille, c'est un *crein* ou *cran.*

On voit par tout ce qui précède combien était peu fondée l'opinion de ceux qui assignaient une direction constante à toutes les couches de houille : ce qu'il y a de certain, c'est qu'il résulte des observations de M. Duhamel et de plusieurs autres Savans, que la direction des couches de houille est toujours ou presque toujours parallèle aux vallées et aux vallons dans lesquels on rencontre plus particulièrement les houillères ; ce qui leur a fait donner le nom de *bassins houillers*.

L'épaisseur des couches (*Puissance*, en terme de Minéralogie) est très-variable aussi : les plus minces qui soient exploitées sont celles des environs de Meisenheim en Palatinat, puisque elles n'ont qu'environ seize centimètres; mais celles qui dépassent la puissance de dix à douze mètres, peuvent être considérées comme plusieurs couches réunies ou simplement séparées par des feuillets schisteux : quelques-unes de ces couches, excessivement épaisses, peuvent être quelquefois confondues aussi avec les houillères en amas.

Quant aux *filons* de houille, ceux qui ont été bien constatés, et qui sont il est vrai en très-petit nombre, se sont trouvés assujettis aux mêmes variations que les filons métallifères.

SECTION TROISIÈME.

Recherches et Exploitation de la Houille.

Connaissant les terrains dans lesquels on peut espérer de découvrir de la houille, et ceux qui n'en ont jamais offert; sachant d'avance que ce combustible est soumis à la même direction, à la même inclinaison et aux mêmes inflexions que les couches du terrain, on peut déjà se diriger à l'aide de ces premières données, et se dispenser d'attaquer les roches qui ne présentent aucune probabilité de succès. A ces premières remarques, qui doivent servir de base à toutes recherches, on ajoutera les indices suivans, qui sont les plus certains et les plus précis.

1°. L'affleurement d'une couche à la surface du terrain, se manifestant par une trace noire dans un escarpement ou dans une terre nouvellement labourée; la présence de quelques schistes noirs et pourris, renfermant des parcelles de houille qui brillent au soleil, et qu'on en sépare aisément par le lavage.

2°. La rencontre de quelques fragmens de houille dans le lit des torrens.

3°. Le suintement de quelques eaux ferrugineuses ou bitumineuses.

4°. Enfin, la présence et l'alternative des *psammites*, des *argiles brunes*, et des *schistes impressionnés*.

Mais pour rechercher ces indices eux-mêmes, on devra remonter toutes les petites vallées collatérales et toutes celles qui viennent déboucher dans les vallées du premier ordre; car, ainsi que le fait remarquer M. Duhamel, c'est principalement dans ces petites anses, dans ces vallons qui forment des appendices sur l'un et l'autre bord des grands bassins, que se trouvent ordinairement les dépôts houillers, et c'est en traversant le pays dans tous les sens, en visitant attentivement tous les éboulemens, tous les arrachemens et tous les ravins qui se seront faits à la suite des grandes pluies d'orage, en ne négligeant aucune carrière, aucun chemin creux, aucune excavation, que l'on pourra parvenir à découvrir leurs premiers indices. Avant d'arriver au milieu même du bassin houiller, d'autres terrains, qui font partie de la même formation, ou qui la recouvrent ordinairement, pourront déjà servir de premiers points de reconnaissance : tels sont les calcaires gris à *gryphites*, qui renferment aussi des *bélemnites*, des *ammonites*, etc. : tels sont aussi les grès rouges, certains hydrates de fer, les gypses colorés, soyeux, etc.

La découverte d'une couche de houille ne consiste pas seulement à en reconnaître le simple affleurement ; il faut encore, par des travaux de recherches, s'assurer que cette trace extérieure se change en une couche d'une épaisseur assez considérable pour pouvoir être exploitée avec bénéfice ; que cette couche a une direction, une inclinaison, une puissance constantes ; enfin, en termes du métier, que cette *couche* est bien *réglée*.

Une tranchée à ciel ouvert, toutes les fois que la localité le permet, est le premier et le plus économique de tous les travaux de recherches que l'on doit exécuter ; mais il arrive souvent qu'on est obligé de pousser des galeries horizontales ou inclinées, soit sur la couche elle-même, soit perpendiculairement à son inclinaison, de manière à la traverser, en allant dans le sens des couches sur lesquelles elle est appuyée et qui lui sont inférieures en situation. Un percement vertical, un puits, est quelquefois indispensable pour recouper la couche à une certaine distance du point où elle se montre au jour.

Quelques coups de sonde, dirigés méthodiquement, peuvent suppléer à ce travail qui est toujours dispendieux. Or, on sait que la sonde est un instrument de fer, une espèce de tarrière, dont la pièce inférieure se change à volonté, soit pour la remplacer quand elle est émoussée, soit pour lui substituer un outil conformé de manière à retirer ce que le précédent a pulvérisé, ou enfin pour l'approprier à la roche que l'on rencontre.

A mesure qu'on approfondit le trou, l'on visse ou l'on assujettit d'une autre manière les verges de fer qui servent d'alonges, et l'on parvient ainsi, en faisant mouvoir cette énorme tarrière, soit à l'aide d'un tourniquet, soit en frappant avec elle-même au moyen d'une chèvre qui la soulève, à traverser les divers bancs d'un terrain, jusqu'à la profondeur de deux cents mètres; et comme on est obligé de curer très-souvent le trou fait par la sonde pour pouvoir pénétrer plus avant, il en résulte que l'on sait à chaque fois l'espèce de terrain qu'on a traversé, et l'instant où l'on atteint la couche de houille est annoncé par un changement notable de dureté, et ensuite par la couleur noire et la houille pulvérisée que l'on retire parmi les matières pilées. On conçoit qu'en mesurant l'enfoncement de la sonde, à partir du moment où la houille est atteinte jusqu'à celui où elle est dépassée, on obtient d'une manière assez juste l'épaisseur approximative de cette couche (1).

Ainsi, de simples tranchées, des galeries, des puits économiques, et mieux encore l'usage de la sonde, suffisent pour constater non seulement l'existence d'une couche, mais encore sa puissance, sa direction et son inclinaison.

Les affleuremens ou traces que les couches montrent souvent à la surface du sol; l'emploi que chacun peut faire de la houille immédiatement après son extraction; enfin le peu d'inclinaison qu'affectent souvent les couches; tous ces motifs portent les propriétaires du sol, dans les contrées où le terrain houiller se montre au jour et où l'usage de la houille est répandu, à attaquer la portion de l'affleurement de la couche qui passe dans leurs propriétés, et à poursuivre cette extraction, à l'aide de galeries ou de puits, jusqu'à quelque

---

(1) On estimait, en 1765, le sondage de 100 toises, en Angleterre, à 238 liv. sterlings (Voyage Métallurgique, tome 1er, page 184.)

profondeur. C'est ainsi que prennent naissance, dans plusieurs pays, une foule de petites exploitations superficielles qui bouleversent la surface du sol, et la rendent impropre à l'agriculture ; qui se nuisent d'ailleurs les unes aux autres par l'infiltration des eaux des travaux supérieurs dans ceux qui sont situés plus bas, et dans lesquelles on ne peut établir, faute d'espace suffisant et faute de moyens pécuniaires, aucuns travaux propres à épuiser les eaux souterraines ou à entretenir la circulation de l'air. Souvent alors le gaz hydrogène, qui se dégage de la houille, s'accumule dans l'intérieur des ouvrages, s'enflamme par les lumières des ouvriers, et produit des événemens désastreux ; ou bien, à mesure qu'on s'enfonce, l'air devenant de plus en plus vicié, l'extraction des eaux et des matières étant de plus en plus dispendieuse, l'exploitant est forcé d'abandonner son entreprise, et les ouvrages, qu'il avait creusés et faiblement étayés, s'éboulent promptement. La plupart des contrées de l'intérieur de la France, où le terrain houiller se montre au jour, présentent des exemples nombreux de cette dévastation des gîtes de houille : on en retrouve de semblables dans tous les pays qui offrent des circonstances analogues, et où l'exploitation des mines n'a pas été, dès son origine, assujettie par les Gouvernemens aux règles voulues par la nature des choses et consacrées par l'expérience (1). Plus l'exploitation libre et irrégulière des propriétaires a été prolongée, plus il est devenu difficile de réparer le mal qu'elle a fait, et de se soustraire aux dangers qui en sont la suite. (De Bonnard, ingénieur en chef des mines.)

Pour que l'exploitation d'un gîte de houille soit conduite avec régularité et puisse être durable, il est nécessaire que les parties du gîte, voisines de l'affleurement, soient réservées entièrement intactes; afin d'éviter l'infiltration des eaux de la surface dans l'intérieur des travaux : il faut aussi que les travaux soient commencés au point le plus bas possible, et conduits en remontant sur la couche, après avoir

(1) Le droit régalien des mines repose sur le principe que les gîtes de minerai appartiennent à l'Etat, de sorte que le Gouvernement seul peut en disposer et en autoriser l'exploitation à certaines conditions et pour le plus grand avantage de la chose publique. D'après la loi du 21 avril 1810, la houille est comprise dans le droit régalien, et ne peut être exploitée qu'en vertu d'un acte de concession délibéré en conseil d'état.

préparé à ce point le plus bas, pour les eaux de l'exploitation qui doivent s'y réunir, des moyens d'épuisement, soit au moyen de machines, soit, lorsque cela est possible, au moyen de galeries d'écoulement : il faut que des ouvertures, pratiquées à des niveaux différens et communiquant entr'elles, assurent la libre circulation de l'air dans les ouvrages ; afin que les mineurs respirent un air sain, et afin que le gaz hydrogène soit emporté, à mesure qu'il se dégage de la houille : il faut que des boisages suffisans, des muraillemens et des remblais assurent la solidité des excavations : il faut que la couche de houille soit attaquée de telle sorte qu'on puisse en extraire, soit la totalité, soit une grande partie, en ne laissant que les piliers nécessaires au soutien des terrains du toit, et disposant ces piliers de manière à pouvoir les reprendre en revenant sur ses pas, après s'être avancé sur la couche, aussi loin que possible, à raison des jours, et par conséquent de l'air qui arrive des puits ou galeries d'extraction : il faut enfin n'abandonner que les ouvrages devenus à jamais inutiles, et construire les galeries d'écoulement, de manière à ce qu'elles puissent servir, après l'abandon des travaux, et pour ainsi dire éternellement, à conduire au jour toutes les eaux qui peuvent y affluer (1).

C'est d'après l'observation de ces règles qu'on

---

(1) Dans les mines de houille particulièrement, la régularité des travaux est d'autant plus nécessaire, que la grandeur des espaces escavés est plus considérable que dans les filons métallifères, et que le gaz inflammable qui se dégage incessamment de certaines qualités de houille, sur tous les points où la couche est attaquée, offre au mineur des dangers toujours renaissans, auxquels il ne peut échapper, qu'en conduisant son exploitation avec une sagesse extrême. De trop nombreux accidens, qui sont presque toujours la suite de l'imprévoyance, attestent la nécessité de cette sagesse : les journaux anglais en rapportent de fréquens exemples. A la mine du Horloz près Liège, une explosion souterraine, qui a eu lieu le 10 janvier 1812, a coûté la vie à soixante-neuf ouvriers : à la houillère de Latour près Saint-Étienne (Loire), une explosion semblable, qui a eu lieu le 8 juin 1817, au fond d'un puits de 80 mètres de profondeur, a blessé mortellement le mineur dont la lampe a allumé le gaz inflammable, et la secousse produite s'est fait sentir si violemment à l'embouchure du puits, que les machines d'extraction ont été enlevées à une grande hauteur, et qu'un ouvrier, placé à la surface près de la machine, a été jeté à 100 mètres de distance. On trouve au mot *grisou*, dans le nouveau dictionnaire d'Histoire Naturelle; au mot *gaz-inflammable*, dans le dictionnaire des Sciences Naturelles; dans les ouvrages de Minéralogie; dans les Annales des Mines, l'indication des moyens de se garantir des

voit un petit nombre d'ouvertures n'enlever que peu de terrain à la culture, et de vastes travaux intérieurs sagement dirigés et coordonnés entre eux, produire une grande quantité de houille, en ménageant cependant soigneusement l'extraction, de manière à préparer et faciliter l'exploitation future, et à ne rien faire perdre à l'avenir de ce qui n'est pas absolument nécessaire aux besoins du présent.

Pour obtenir des résultats aussi satisfaisans, il faut souvent employer de grands moyens. Lorsque la disposition des gîtes houillers nécessite de grandes dépenses, dès le commencement de l'exploitation, les travaux ne sont entrepris que par des compagnies qui peuvent supporter ces dépenses, et qui appellent aussitôt à leur secours toutes les ressources de l'art. C'est ainsi que sont exploitées, en France, les mines de houille d'Anzin (département du Nord), de Litry (département du Calvados), de Carmeaux (département du Tarn), de Champagney et Ronchamps (département de la Haute-Saône); telles sont plusieurs des grandes exploitations de houille de l'Angleterre.

---

explosions, et mieux encore la description de la nouvelle lampe de M. Davy, qui les prévient.

Nous ne rapporterons point ici d'autres détails sur la manière dont on doit préparer et conduire les travaux généraux d'exploitation dans une mine de houille. On peut voir à ce sujet les ouvrages de MM. Morand, Gensanne, Jars, Jennetė, Diétrich, Faujas, Monnet, Lefebvre et les Annales des Mines. Nous citerons seulement, d'après M. De Bonnard, ingénieur en chef des mines, quelques-uns des principaux modes employés pour l'extraction même des couches de houille.

Il est d'abord et sur-tout nécessaire que des *travaux de reconnaissance*, c'est-à-dire, des galeries menées soit sur la direction, soit sur la pente de la couche, aient bien fait connaître l'allure de cette couche sur une assez grande étendue, et l'aient divisée en massifs préparés pour l'exploitation.

L'exploitation proprement dite a lieu par des modes très-variés, d'après la puissance de la couche à extraire, son degré d'inclinaison, le degré de solidité du toit, etc.; mais jamais *à ciel ouvert*.

Quand les couches de houille sont très-inclinées ou presque verticales, on peut exploiter par les méthodes dites *ouvrages à gradins droits* ou *à gradins renversés*; c'est-à-dire, qu'on dispose les entailles, de manière à donner à l'ensemble la forme d'un escalier, ou celle d'un escalier vu par dessous. Ce dernier mode est ici préférable au premier; parce que le mineur ne marche jamais alors que sur les déblais, et ne court pas risque d'écraser la houille : dans les deux modes, on enlève toute la houille. Il faut, pour qu'ils puissent être employés, que la couche ne soit pas trop épaisse : lorsque l'épaisseur est de plus de deux mètres, on ne peut enlever, par un ouvrage, qu'une partie de la couche, et alors on fait successivement deux ouvrages à gradins à côté l'un de l'autre, en commençant par la partie de la couche voisine du mur. Dans quelques mines du midi de la France, on exploite les couches de houille presque verticales, par de simples galeries d'allongement ouvertes à diverses hauteurs, et entre lesquelles on laisse des massifs plus ou moins épais, pour servir de plancher. Ce mode a le double inconvénient de laisser une partie de la houille inexploitée, et de ne présenter jamais celle qu'on exploite à découvert que sur une face, ce qui augmente la difficulté de l'extraction; tandis qu'il y a toujours deux faces libres dans les gradins. Quelquefois on prend une partie de la houille laissée en massifs, au moyen de puits ou cheminées allant d'une galerie à l'autre.

Lorsque l'inclinaison des couches est moindre, il faut plus de précautions pour soutenir le toit; il en faut plus encore, lorsque la couche est tout-à-fait horizontale : il arrive rarement, dans ce cas, qu'on puisse enlever toute la houille; cependant quelquefois le toit est assez solide pour le permettre. On exploite alors, soit encore par ouvrages à gradins, en donnant aux gradins, d'après les circonstances locales, des dimensions qui varient depuis deux jusqu'à dix ou quinze mètres; soit par une seule taille droite qui a, dans les mines des environs de Mons, jusqu'à cinquante mètres de front. Les gradins se poursuivent en général sur la direction de la couche : quand cette couche est très-inclinée et quand les gradins sont fort grands, on pratique pour chaque gradin, auquel on donne alors le nom de *taille*, un chemin oblique, à travers les déblais qu'on entasse derrière soi, pour descendre la houille jusqu'à la galerie inférieure. Dans tous les cas, il faut rapprocher, autant que faire se peut, les déblais du front des gradins, pour forcer le courant d'air à passer au lieu même où travaillent les mineurs.

L'exploitation par une seule taille droite a cet avantage, que la circulation de l'air est plus facile; mais la houille n'est à découvert que sur une face. En général, les ouvriers sont placés sur la pente de la couche, et la taille se suit horizontalement; cependant, quand la pente est trop forte, on fait suivre à la taille une ligne oblique entre la direction et l'inclinaison de la couche. On la dispose aussi quelquefois de cette manière, pour profiter des fissures qui existent dans la houille, qui affectent toutes, à peu près, la même direction, et qui rendent plus facile l'abattage en gros morceaux.

A Gerschweiler près Sarrebrück, on exploite une couche de 1 mètre 30 centimètres d'épaisseur, inclinée seulement de 10 à 12 degrés, par une seule taille droite, dont le front est à peu près sur la pente de la couche, et qui a près de 400 mètres de longueur. On étaie avec soin derrière soi, avec des pièces de bois de deux centimètres d'équarrissage, espacées de trois mètres les unes des autres, et on dispose les remblais en piliers ou petits tas situés entre les étais; mais bientôt les étais se brisent, ou ils entrent dans le mur de la couche et le toit s'affaisse peu à peu, sans se rompre ni s'ébouler, jusqu'à ce qu'il repose en entier sur les tas de déblais bien comprimés, qui n'ont plus alors que cinq décimètres de hauteur. L'affaissement total a lieu dans le cours d'une année. On recoupe ensuite ce toit affaissé dans la direction des voies qui vont de la taille à la galerie principale; afin de donner à ces voies la hauteur nécessaire à un roulage commode : cet affaissement de toute la montagne, sans aucun ébranlement, sur une aussi grande étendue, est un fait à peu près unique dans l'exploitation des mines.

Lorsque le toit n'est pas assez solide pour permettre d'extraire toute la houille (ce qui a lieu le plus souvent, on exploite par *tailles* ou *chambres*, que l'on avance, soit sur la direction de la couche, soit sur sa pente, soit sur une ligne oblique entre la pente et la direction, et entre lesquelles on laisse des massifs ou piliers de houille. La largeur des tailles et l'épaisseur des massifs varient en raison du degré de solidité du toit. Les tailles ont quelquefois jusqu'à 12 ou 15 mètres de largeur : leur disposition, relativement aux galeries, est aussi très-variée d'après les circonstances locales. Ordinairement des galeries obliques descendent de chaque taille à la galerie principale, par laquelle les houilles sont conduites hors de la mine ou au bas du puits destiné à l'extraction. En avançant dans chaque taille, on remblaie et on boise derrière soi.

Dans les mines sujettes au *grisou* (1), on avance continuellement le mur qui sert à la conduite de l'airage, jusqu'auprès du front de la taille, pour que le courant d'air balaie et emporte sans cesse le gaz inflammable qui se dégage de la houille.

Quand on veut abandonner une partie des travaux, on extrait les massifs en totalité ou en partie, en revenant du fond de l'exploitation vers le puits ou la galerie d'extraction.

La méthode d'exploitation par *chambres* est employée avantageusement quand on craint le voisinage de quelque amas d'eau, qu'on peut alors arrêter au moyen d'une digue placée entre deux massifs.

Dans d'autres mines à couches à peu près horizontales, on exploite par galeries parallèles à la direction, que l'on croise par d'autres galeries qui leur sont perpendiculaires, en laissant comme piliers des massifs à base à peu

---

(1) Grisou, griou, feu brisou, feu terrou, sont les différens noms que les mineurs donnent au gaz inflammable qui se dégage de la houille dans les mines.

près carrée. Cette méthode, appelée *exploitation en échiquier*, est desavantageuse à plusieurs égards, et sur-tout parce que les massifs qu'on a laissés isolés au milieu des remblais et des éboulemens sont ordinairement perdus.

Quand les gîtes de houille sont extrêmement puissans, on y creuse souvent de grandes excavations ou chambres, et on agrandit ces excavations autant qu'il est possible; mais la facilité que présente ce mode, porte quelquefois à les étendre beaucoup trop, ce qui les rend très-dangereuses.

Aux mines de houille du Creusot et autres houillères en amas, on exploite par étages, en allant de haut en bas, laissant des piliers disposés en quinconces dans chaque étage et un massif entre deux étages successifs. Selon le plus ou moins de danger, il faut alors laisser les piliers de refend en entier, ou les recouper à chaque étage pour les laisser seulement en échiquier ; mais dans les deux cas, on met beaucoup de soin à ce que les piliers des étages successifs soient bien à plomb les uns sur les autres. Par ce moyen, on évite des frais de boisage trop considérables :d'ailleurs aucun boisage ne pourrait résister. Au bout d'un certain temps, on peut venir exploiter ces piliers en faisant ébouler successivement chaque étage supérieur, ainsi que cela se pratique dans quelques mines; mais ce mode d'exploitation, appelé *méthode d'éboulement*, n'est pas sans dangers; car, quand même on serait assuré de la solidité du toit, les éboulemens peuvent quelquefois être suivis de l'inflammation spontanée de la houille.

Quant au contraire les couches de houille sont extrêmement minces et qu'on peut cependant les exploiter avec avantage, on perce les galeries de roulage à travers les couches du toit, en leur donnant la hauteur nécessaire; mais on ne donne aux tailles qu'une hauteur suffisante, pour qu'un homme puisse s'y tenir et s'y traîner couché sur le côté. C'est dans cette position que le mineur entaille et arrache la houille, et que des enfans amènent la houille extraite jusqu'aux galeries, dans des espèces de traîneaux attachés à l'un de leurs pieds. Ce mode pénible se nomme *travail à col tordu*. On l'emploie dans les mines de houille des environs de Meisenheim, dont les couches n'ont, ainsi que nous l'avons dit plus haut, qu'environ 16 centimètres d'épaisseur. On extrait souvent alors, avec la couche de houille, une couche de pierre calcaire qui lui sert de toit, sur-tout quand celle-ci est propre à la cuisson de la chaux, et l'on cuit la chaux, au moyen de la houille, à la sortie même de la mine.

Dans l'arrachement de la houille de son gîte, on cherche toujours à l'obtenir en aussi gros morceaux qu'il est possible; parce que la houille menue et la houille en poussier ont moins de valeur. Il faut, pour parvenir à ce but, découvrir sur plusieurs faces le massif de houille qu'on veut arracher : pour cela, on fait au moyen du pic une rainure parallèle aux feuillets de la couche; on donne à cette rainure, selon la puissance de la couche, depuis 2 jusqu'à 3 ou 4 centimètres de hauteur; on la creuse aussi profondément qu'on le peut, quelquefois jusqu'à 2 mètres. Ordinairement on pratique cette rainure au mur de la couche, en profitant de l'espèce de glaise qui s'y trouve souvent. Quelquefois cependant, on la creuse dans l'épaisseur de la couche de houille, sur un des lits de schiste bitumineux qui la divise : cette opération se nomme *havage*. On soutient le bloc de houille au-dessus de l'entaille, au moyen de petits étais de bois. Quand on veut abattre, on enlève ces étais et on enfonce des coins entre la couche de houille et le schiste du toit : quelquefois on n'a pas besoin de prendre cette peine; le massif de houille se détache de lui-même. Ailleurs, au contraire, la houille est assez dure pour qu'il soit nécessaire de découvrir une troisième face, en creusant avec le pic une seconde rainure, soit dans le toit des couches, soit perpendiculairement au toit et au mur; enfin, quelquefois on est obligé d'employer la poudre, pour faire sauter les blocs de houille ainsi dégagés.

Dans le transport de la houille, on évite tout ce qui peut la briser et la réduire en menus fragmens : on se sert ordinairement de brouettes ou de chariots pour le roulage intérieur. Quand l'*extraction au jour* se fait par un puits, on met la houille dans des tonnes ou caisses appelées *paniers* suspendus à une corde ou à une chaîne, et on élève ces tonnes, soit au moyen de treuils à bras ou mus par des chevaux, soit au moyen de machines hydrauliques ou à vapeur. Les paniers des mines de Liège contiennent 2 à 3000 kilogrammes de houille.

Dans l'extraction *au jour* par galeries, on emploie en Angleterre et en Silésie des chemins ferrés qui pénètrent jusqu'au fond des travaux, et sur lesquels des charges considérables de houille sont traînées par un seul cheval. On fait aussi usage dans les mêmes pays de galeries navigables ou canaux souterrains, au moyen desquels le transport de la houille se fait sur des bateaux, depuis le fond des mines jusqu'*au jour*.

SECTION QUATRIÈME.

Des principales Mines de Houille en France, et de leur produit approximatif.

L'Angleterre et l'Écosse renferment les plus grandes exploitations de houille qui existent au monde ; elles y sont multipliées à l'infini c'est-à-dire, en raison directe, et de l'énorme consommation de la Grande-Bretagne, et de l'exportation considérable qui s'en fait journellement. Plusieurs de ces vastes mines présentent la réunion des plus grands moteurs qu'on ait pu imaginer, et des moyens de transport les plus simples et les plus économiques : c'est à l'aide de la navigation souterraine ; à l'aide de canaux et d'écluses doublés en fer et construits dans l'intérieur même de ces mines ; à l'aide de pentes ménagées avec art, où le frottement des chariots est presque annulé par des lames de fer coulé sur lesquelles ils roulent et qui permettent de les abandonner pendant plusieurs lieues à leur propre mouvement, que tous les transports et jusqu'à l'embarcation s'exécutent, et c'est avec ces grands moyens d'économie, qui se répètent mille fois par jour, qu'on parvient en Angleterre à livrer ce combustible à vil prix aux consommateurs.

Les seules mines de Newcastle, qui sont à la vérité les exploitations les plus productives que l'on connaisse, emploient, dit-on, plus de soixante mille individus, et produisent annuellement 56 millions de quintaux métriques de houille.

La France ne renferme point d'exploitations aussi gigantesques que celles qui existent en Angleterre; mais on aurait une fausse idée de sa richesse en ce genre, si l'on en jugeait par le petit nombre de mines de houille qui sont exploitées en grand. Cette indifférence apparente tient à ce que la consommation de la houille est très-bornée; puisqu'un préjugé déplorable, un esprit routinier, ont jusqu'à présent repoussé ce combustible de celles de nos usines dont la consommation en charbon est la plus considérable, les hauts fourneaux.

On connaît en France quarante départemens environ qui renferment des gîtes de combustible appartenant à la houille, savoir : l'Allier, les Hautes et Basses-Alpes, l'Ardèche, l'Aude, l'Aveyron, le Bas-Rhin, les Bouches-du-Rhône, le Calvados, le Cantal, la Corrèze, la Creuse, les Deux-Sèvres, la Dordogne, le Finistère, le Gard, le Haut-Rhin, la Haute-Loire, la Haute-Marne, la Haute-Saône, l'Hérault, l'Isère, la Loire, la Loire-Inférieure, le Lot, le Maine-et-Loire, la Manche, la Moselle, la Nièvre, le Nord, le Pas-de-Calais, le Puy-de-Dôme, les Pyrennées-Orientales, le Rhône, le Tarn, le Var et le Vaucluse.

A la vérité, plusieurs de ces gîtes n'ont été que simplement reconnus et d'autres ne sont exploités qu'en petit : cependant l'on compte déjà en France deux cent trente-six mines d'où l'on extrait annuellement de neuf à dix millions de quintaux métriques de houille, ayant sur le carreau des mines une valeur de dix à onze millions de francs, valeur qui s'élève à quarante millions au moins pour la masse des consommateurs; puisque le transport aux lieux de consommation, triple, quadruple et décuple quelquefois le prix de la houille.

Ces 9 millions de quintaux, qui ne sont rien en comparaison de la consommation de l'Angleterre, qui s'élève à 75 millions de quintaux métriques par année (1), sont produits, savoir :

(1) Le seul établissement des forges de Carron en

1°. Trois millions par les mines de Saint-Étienne, de Rive-de-Gier et des environs, sur lesquelles quatorze cents ouvriers sont immédiatement occupés, et où il existe onze machines à vapeur, six machines hydrauliques et soixante-dix machines à molettes ou à chevaux. Le terrain est de la formation des psammites et des schistes : l'excellent charbon qu'elles produisent est transporté sur tous les points de la France et jusque sur la côte de Gênes.

2°. Trois millions par les exploitations du département du Nord, qui occupent quatre mille cinq cents ouvriers mineurs, et sur lesquelles on a élevé sept machines à chevaux, neuf machines à vapeur pour l'épuisement des eaux, et seize à rotation continue pour l'extraction de la houille.

Cette contrée renferme les mines d'Anzin et de *Raismes*, qui sont les plus considérables de France, et dont la puissance varie de deux à quatre cents mètres. Ces mines sont situées dans le terrain des grès psammites et des schistes ; mais elles sont recouvertes par une grande épaisseur de terrain calcaire, dont les couches transgres-

---

Ecosse consume, dit-on, huit mille quintaux métriques de houille par semaine.

sives sont horizontales. Elles sont célèbres aussi par la difficulté de passer les niveaux où les eaux sont abondantes, et par la perfection du *boisage* qu'on y pratique et qui est connu sous le nom de *picotage*.

5°. Enfin le dernier tiers de la masse de houille, qui s'extrait annuellement en France, provient spécialement des mines de Litry, département du Calvados, qui emploient plus de quatre cents ouvriers et produisent plus de deux cent mille quintaux métriques de houille; de Carmeaux, département du Tarn, qui produisent plus de cent mille quintaux et occupent plus de trois cents ouvriers; du Creusot et autres dans le département de Saône-et-Loire, produisant plus de quatre cent mille quintaux de houille; de Champagney et de Ronchamps, département de la Haute-Saône, dont les produits sont depuis peu considérablement augmentés. Ces mines peuvent être citées comme exemples d'exploitations bien conduites et très-importantes pour la prospérité des contrées où elles sont situées.

Vient ensuite le terrain houiller de la Loire-Inférieure, lequel donne lieu à cinq exploitations, dont deux sont situées dans le département de ce nom, et trois dans celui de Maine-et-Loire. Leur ensemble produit annuellement deux cent cinquante mille quintaux métriques de houille et emploie plus de six cents ouvriers.

Puis les départemens de la Nièvre et de l'Allier, qui ont aussi cinq exploitations de houille, lesquelles ne produisent que cent mille quintaux métriques. Ici le manque de débouchés (sur-tout dans le département de l'Allier) a empêché jusqu'à présent l'exploitation de prendre un plus grand essor. Cet effet est bien plus sensible encore pour les gîtes de houille situés au milieu des montagnes du centre et du midi de la France. Ceux des environs d'Aubin, dans le département de l'Aveyron, par exemple, pourraient suffire par leur extrême richesse à la consommation de la France entière; et cependant leur exploitation annuelle ne s'élève pas à dix mille quintaux métriques de houille, et cette exploitation a lieu dans trente mines différentes, par des travaux superficiels conduits sans aucune règle, qui détériorent continuellement le précieux domaine souterrain que le sol renferme. Le manque de débit oblige aussi à laisser au fond des mines une quantité considérable de houille menue, dans les départemens de l'Aveyron, du Gard, de la Loire et autres, et cette quantité perdue pour la consommation peut être évaluée au moins au vingtième du produit total des mines de houille de France. (De Bonnard, ingénieur en chef des mines.)

Enfin le département des Bouches-du-Rhône est le seul qui reste à citer pour l'importance de l'exploitation de la houille : dix-huit mines emploient dans ce département deux cents ouvriers, et produisent annuellement cent quatre-vingt mille quintaux métriques de houille.

Le prix de vente de la houille varie dans des limites très-éloignées, d'après sa qualité, d'après la facilité de l'exploitation, et sur-tout d'après l'abondance des produits et l'étendue des débouchés. Ainsi, dans le département de l'Aveyron, le prix moyen n'est que de 35 à 40 centimes le quintal métrique; dans le département de la Loire, le prix varie entre 0 fr. 30 c. et 1 fr. 00 c.; dans le département du Nord, le prix moyen est de 1 fr. 27 c.; dans le département de la Haute-Saône, le prix s'est élevé de 0 fr. 80 c. à 2 fr. 80 c. le quintal métrique. La raison d'une augmentation aussi considérable n'est point difficile à imaginer : les débouchés se sont étendus, et il n'y a point de concurrence dans la vente.

En général, la houille grasse menue et la houille maigre en gros morceaux, ont à peu près la même valeur et se vendent 25 à 30 pour cent de moins que la houille grasse en gros morceaux.

D'après des relevés exacts, on estime que présentement on peut extraire annuellement en France dix millions de quintaux métriques de houille, qui se vendent sur le carreau des mines douze millions de francs; ce qui porte la valeur moyenne à 1 fr. 20 c. le quintal métrique, et ce qui prouve que la houille s'extrait d'une manière économique en France. Ces exploitations emploient immédiatement dix mille ouvriers mineurs, et un nombre d'individus beaucoup plus considérable pour les transports du combustible. (Annales des Mines, MM. D'Hellancourt et Cordier.)

Le prix de la houille en France, dans quelques principaux lieux de consommations, est le suivant; savoir :

		f. c.	
A Bordeaux,	grosse houille de Rive-de-G^r	5,20	le quintal m.
	— houille de Carmeaux.......	4,20	id.
	— houille d'Aubin...........	3,00	
A Paris	— de St-Étienne et d'Anzin.	4,00 à 4 f. 70 c.	
A Nantes	— de St-Étienne..........	5,50	
A Brest	— de St-Étienne..........	5,50	
A Cherbourg	— de Litry..............	4,50	
A Rouen	— de St-Étienne..........	5,30	

La Belgique est riche en exploitations de houille : celles des environs de Mons, de Charleroi, de Liége, sont très-importantes. Elles sont au nombre de trois cent cinquante qui occupent vingt mille ouvriers et produisent annuellement environ douze millions de quintaux métriques de houille de bonne qualité.

L'Allemagne, prise en masse, n'est point riche en mines de houille. On peut néanmoins regarder comme très-importantes les houillères du pays de Sarrebrück, de la Roer, du comté de la Marck; celles du pays de Tecklenbourg, et les cent mines de Silésie, répandues aux environs de Schweidnitz. Enfin, la Saxe, la Bohême, l'Autriche, le Tyrol, la Bavière, le Hanovre, le Hartz, la Hongrie, ont aussi des mines de houille, mais d'une importance très-secondaire.

Il n'existe de mines de houille en Suède, que dans la province de Scanie : on commence à leur donner une assez grande activité. La Norwége paraît entièrement privée de charbon fossile, ainsi que la Russie : toutefois, il est probable que la grande abondance de bois que ces contrées renferment, a empêché jusqu'ici de chercher à connaître les combustibles que le sol peut contenir ; cependant on cite quelques gîtes de houille exploités en Sibérie.

En Italie, les Apennins renferment quelques mines de houille peu importantes.

En Espagne, on connaît des gîtes de houille en Andalousie, en Estramadure, en Catalogne, en Arragon, en Castille et dans les Asturies. Ces derniers paraissent être les plus nombreux; mais les couches sont peu épaisses, et toutes les exploitations sont peu importantes.

En Portugal, on ne cite qu'une mine de houille, exploitée au Cap de Buarços, province de Beïra. Depuis quelques années, on a découvert des couches de houille près de Vialonga, au nord-nord-est d'Oporto.

On a peu de renseignemens sur les mines de houille des autres parties du globe : on sait cependant qu'on en exploite beaucoup en Chine et au Japon ; qu'il en existe dans l'île de Madagascar ; que l'Afrique n'en est point dépourvue ; qu'on en a découvert depuis peu dans la Nouvelle-Hollande : enfin l'Amérique en renferme aussi. Il y en a peu de connues dans les Cordilières ; on en cite un gîte à Santa-Fé de Bogota, qui est situé à 4400 mètres au-dessus du niveau de la mer (1). On indique des cou-

---

(1) Ce fait rend assez difficile l'explication des divers systèmes des Géologues sur l'origine de la houille.

ches de houille aux Lucayes, à Saint-Domingue, dans l'île du Cap-Breton, au Canada, dans la Louisiane, et sur-tout aux États-Unis. Dans ce dernier pays, toute la partie occidentale de la Pensylvanie et de la Virginie renferme des dépôts de houille extrêmement abondans; mais jusqu'à présent peu exploités (1). On en indique aussi sur la côte du Groënland. (Annales des Mines.)

---

(1) L'Amérique n'est pas comme l'ancien continent, arrivée au point d'être obligée de recourir à ses houillères. Si le sceptre de Neptune passe entre les mains des Américains, cette nation le devra plus à ses belles forêts qu'à son génie et à son courage.

APPENDICE.

Minerai de Fer des Terrains houillers.

Nous croyons devoir insérer ici la description, que donne M. Brongniart, du minerai de fer, *carbonaté compacte*, qui gît dans les terrains houillers.

Ce minerai, dit ce Savant, se trouve dans tous les schistes bitumineux qui servent de toit ou de mur aux couches de houille, et dans les *failles* qui dérangent et interrompent ces couches. C'est ainsi qu'il se présente en Angleterre, en France et en Allemagne. Mais outre ce premier mode, on trouve aussi ce minerai en couches continues de 6 à 50 centimètres d'épaisseur, qui accompagnent également les houilles et qui sont divisées en espèces de rhomboèdres assez réguliers.

Ce minerai est quelquefois accompagné de plomb sulfuré et de zinc oxidé; il n'a aucun rapport extérieur avec la variété spathique; il comprend en grande partie les minerais terreux, argileux, et particulièrement celui qui se trouve en masses sphéroïdales aplaties et dont la grosseur est variable. Ces sphéroïdes sont pleins et compactes ; mais on remarque qu'ils sont composés d'une croûte testacée, formée par la réunion de plusieurs couches enveloppantes, qui se séparent en calottes creuses : au premier choc, le noyau plus dur pour l'ordinaire est souvent divisé dans son épaisseur par des fissures croisées, qui produisent des prismes triangulaires ou carrés. Ordinairement ces fissures, qui sont produites par un retrait, sont vides ; mais quelquefois aussi elles sont remplies par du quartz, de la chaux carbonatée, et même de la barite sulfatée.

La couleur de ce minerai est souvent le brun jaunâtre, le gris roussâtre, ou le rouge de brique sale : sa cassure est grenue et serrée ; il se laisse rayer aisément ; il happe à la langue ; a une odeur légèrement argileuse ; ne fait effervescence avec aucun acide ; noircit au chalumeau, sans s'y fondre ; et devient attirable à l'aimant par le plus léger grillage.

Ce minerai rend en grand de 30 à 40 pour cent. Il est particulièrement exploité en Angleterre, dans les comtés de Monmouth et de Glamorgan.

Le gisement de ce minerai, placé d'une manière si heureuse à côté du combustible qui peut en opérer la fonte, doit le faire rechercher avec empressement dans tous les départemens de la France qui renferment de la houille. Celui qui vient d'être découvert près de Saint-Étienne, et dont on opère la fusion par le charbon de houille, est le minerai houiller. On peut en découvrir de même dans tous les terrains houillers, en faisant des recherches en conséquence.

Essais en petit du Minerai de Fer.

Il pourra être utile de trouver ici l'indication d'un moyen simple de s'assurer, par des essais en petit, de la valeur d'un minerai non encore traité en grand.

Les deux méthodes suivantes, la première indiquée par Chaptal, la seconde par M. de Miremont, sont à la portée de tout le monde, et la dernière sur-tout est parfaitement analogue à des essais en grand.

Méthode de M. Chaptal.

200 grains de minerai à essayer,
400 grains de borax,
40 grains de chaux éteinte,
200 grains de nitre;

Le tout placé dans un creuset brasqué, couvert et chauffé pendant une demi-heure à un feu de forge. Le résultat est un bouton de fonte qui se trouve au fond du creuset, sous le flux vitrifié et dont le poids fait connaître la richesse du minerai.

Procédé de M. de Miremont.

On pulvérise, on tamise et l'on grille dans

un tais à rôtir une certaine quantité de la mine à essayer : on en prend 12 grammes ; on y ajoute, par exemple, deux grammes de pierre calcaire pulvérisée, trois grammes de charbon en poudre et un gramme de silice ou d'argile ; on mêle parfaitement ces substances, et on place le tout dans un très-petit creuset de hesse ; on chauffe pendant 15 à 18 minutes, soit dans un fourneau à vent, soit à une simple forge ; on retire le creuset ; on le frappe légèrement sur un corps dur et plat pendant qu'il est encore très-rouge, pour que la grenaille de fer se rassemble en un seul bouton ; on laisse refroidir naturellement le creuset avant de le casser, afin de pouvoir juger de la couleur de la fonte ; on pèse le culot ou bouton, et son poids indique assez rigoureusement ce que le minerai doit produire en grand.

Si l'on ne réussit point la première fois ; si les scories sont noires, opaques et mal purgées, on reprendra 12 autres grammes de la mine grillée, et l'on variera les doses de charbon de chaux ou d'argile, jusqu'à ce qu'on soit parvenu, à la suite de plusieurs essais consécutifs, à connaître, non seulement la richesse du minerai, mais encore la porportion, soit de *castine*, soit d'*erbue* qu'on devra y ajouter comme *fondant*.

Observations hygrométriques sur les Charbons et sur les Magasins.

Le coke et le charbon de bois sont également hydropotes; mais le premier se sature plus promptement que le second.

Le charbon de bois absorbe de 8 à 9 kilogrammes d'eau, par quintal, en se refroidissant.

Le coke peut en absorber jusqu'à 15 kilogrammes.

D'après des expériences faites au Creusot, par M. Pichat, capitaine en 1er d'artillerie de marine, inspecteur dans cet établissement, il a été reconnu que 500 grammes de charbon de bois (chêne et hêtre) avaient absorbé, en vingt-quatre heures, 187 grammes 50 cent. d'eau, et que 500 grammes de coke en avaient absorbé 199 grammes 20 cent. en douze heures.

Après cinq jours d'immersion, il n'y avait pas augmentation sensible de poids.

Ainsi, le degré de saturation de l'un et de l'autre charbon est de 36 à 40 pour cent.

Déjà on s'était assuré que le charbon de bois,

exposé au grand air, pouvait absorber cette même quantité d'humidité.

Après leur saturation, ces charbons ayant été placés dans un lieu sec et fermé, ont perdu successivement en huit jours; savoir : le charbon de bois 173 grammes 85 cent., le coke 189 grammes 45 cent. Le charbon de bois avait donc conservé 15 grammes 65 cent. de l'eau absorbée, et le coke 9 grammes 75 cent. seulement.

On voit, d'après ce dernier fait, qu'il ne serait point facile de faire perdre entièrement aux charbons l'eau qu'ils auraient absorbée dans une circonstance quelconque.

Or, on sait que dans le charbon une petite portion d'humidité augmente la combustion, mais qu'une grande la détruit.

D'après ces diverses considérations, on doit juger qu'il est très-important de tenir les approvisionnemens de charbon dans des lieux secs et aérés le moins possible.

Il en est de même pour la houille : dans un magasin humide elle se corrompt; dans un magasin aéré elle s'évente. Lorsqu'on la tient à l'air, il faut la garantir du soleil et de la pluie, en la couvrant de planches. Nous avons vu que la variété dite *maigre* ou *sèche* serait même, dans ces divers cas, sujette à s'enflammer.

Donc, les charbons de toute nature et de toute qualité doivent être tenus dans des lieux secs et non aérés. En effet, l'usage d'aérer les magasins, c'est-à-dire, d'y établir des courans d'air, dans la vue de leur enlever l'humidité qu'ils renferment, non seulement est illusoire; mais encore l'effet qui en résulte est toujours opposé au but qu'on se propose. Par exemple, dans l'été, la température d'un local fermé, ou seulement couvert, telles que le sont ordinairement les halles aux charbons, est moins élevée qu'au dehors; ainsi, l'air extérieur qu'on y introduit étant plus chaud, plus dilaté que l'air intérieur, s'y condense aussitôt; par conséquent, au lieu de perdre de l'humidité, ce local en reçoit. Dans l'hiver, la température du même local étant plus élevée qu'au dehors, l'air extérieur plus froid, bien que souvent plus dilaté que l'air intérieur, condense celui-ci.

Ainsi, dans les deux cas, l'humidité se précipite sur les objets renfermés dans le magasin et particulièrement sur les substances hydropotes, et si l'air ambiant paraît plus sec dans le moment, c'est évidemment au préjudice de l'état de salubrité de ces objets.

Il suit donc de ces principes, que les magasins, ou halles aux charbons, doivent non seulement être situés dans des endroits secs; mais il faut encore qu'ils soient le moins aérés possible.

FIN.

TABLE
DES MATIÈRES.

DEUXIÈME PARTIE.

Précis sur la Ho ue.

FIN DE LA TABLE.

www.ingramcontent.com/pod-product-compliance
Ingram Content Group UK Ltd.
Pitfield, Milton Keynes, MK11 3LW, UK
UKHW021309190726
13839UKWH00007B/557

9 782329 577098